Communicatieverhaal halen

Colofon

© 2016

Titel	Communicatieverhaal halen 2016
Ondertitel	16 Galjaardparels en 18 smaakmakers over het vak
ISBN	9789490085858
Druk	Eerste druk, september 2016
NUR	810 - communicatiekunde algemeen
Trefwoorden:	communicatie, massacommunicatie, overheidscommunicatie, publieke communicatie

Auteur	Arjen P. van Leeuwen en Miranda M. Mulder
Vormgeving	Gerdien Keijser, Het Boekenschap
Productie	Het Boekenschap, www.hetboekenschap.nl
Eindredactie	Maarten Beernink

Dit boek dragen we op aan iedereen die het communicatievak een warm hart toedraagt. Als je je inzet voor de publieke zaak, mooie dingen maakt en het verschil wilt maken, dagen we je uit om de schroom van je af te gooien en verhalen en ervaringen te delen. Als je wilt leren, proeven en genieten dagen we je uit elke letter in dit boek te verslinden.

We koesteren met dit boek de inzet van Chiel Galjaard, die overheidscommunicatie op de kaart heeft gezet. Communicatie als professioneel vak krijgt steeds meer vorm, dankzij veel smaakmakers die groei voorstaan in een steeds veranderende tijd. Dank voor jullie verhalen.

We dragen dit boek vooral op aan iedereen die zichzelf durft te zijn en daarmee dingen bereikt die niet vastliggen in protocollen of zwaarlijvige plannen. We wensen je als lezer toe vooral te doen waar je goed in bent en waar je plezier in hebt. Dan bereik je de mooiste dingen!

COM
MU
NI
CA
TIE
VER
HAAL
HALEN

16 PARELS
GALJAARDPRIJS 2016
EN 18 SMAAKMAKERS
OVER HET VAK

Miranda M. Mulder en Arjen P. van Leeuwen

COM
MU
NI
CA
TIE
VER
HAAL
HALEN

15 PARELS
GALJAARDPRIJS 2015
EN 13 SMAAKMAKERS
OVER HET VAK

Miranda M. Mulder en Arjen P. van Leeuwen

VORIGE EDITIE OOK BESTELLEN?

ISBN 978-94-90085-797

MET GEPASTE TROTS PRESENTEREN WIJ COMMUNICATIEVERHAAL HALEN 2016. EEN BOEK VOOR COMMUNICATIEPROFESSIONALS, MET DAARIN DE PARELS VAN DE GALJAARDPRIJS 2016.

Met natuurlijk de winnaar van de juryprijs, Jij&Overijssel en de winnaar van de publieksprijs: Almere zoekt pleegouders. Samen met de overige drie finalisten zijn zij wat ons betreft de parels van Galjaard 2016.

Gelukkig willen ook de andere (net niet) genomineerden hun verhaal met ons delen. Dankzij hun inbreng kunnen we opnieuw een prachtig boek presenteren dat aansluit op de recensie over editie 2015: 'Communicatieverhaal halen biedt communicatie-professionals (in spe) inspiratie én een kijk op de veranderende samenleving waar interactie, flexibiliteit, vakoverstijgend denken en multidisciplinair werken nodig is.'

Nog niet zo lang geleden, in april 2016, verscheen tijdens de Galjaarddag 2016 (hoe kon het ook anders) de eerste editie van *Communicatieverhaal halen*, met daarin de parels van de Galjaardprijs 2015. De reacties waren meteen overweldigend en na een schitterende recensie in vakblad *C!* van Logeion wisten we het meteen zeker: dit gaan we echt jaarlijks doen en sneller. Dat wil zeggen sneller na de Galjaarddag. We zijn nu een kleine vijf maanden verder en editie twee ligt er.

We willen met deze uitgave delen, leren en inspireren. Prachtige galjaardstory's omlijst met opnieuw de meest inspirerende smaakmakers van dit moment, waaronder Anne van der Meiden. Gewoon omdat het kan!

Miranda M. Mulder en Arjen P. van Leeuwen

DAPPER, GRAAG!

IS DAT NU EEN PASSEND ONDERWERP: DAPPERE OF ZELFS MOEDIGE COMMUNICATIE? EFFECTIEVE, JA GRAAG. ZO EERLIJK MOGELIJKE, OOK WEL. GENUANCEERDE? ZEKER. MOOI UITGEVOERD, ORIGINEEL, BIJGESLEPEN DOOR HET GODJE GLADJANUS, BEELDIG GEPRESENTEERD? ALLEMAAL VINDINGRIJKE MENSEN MET VERFIJNDE NUANCES, GEMODELLEERD IN DE BREDE PRAKTIJK VAN DE COMMUNICATIE, WAAR, IK VAL MAAR MET DE DEUR IN HUIS, DAPPERHEID EN MOED NIET ALTIJD DE HOOGST GEWAARDEERDE DEUGDEN ZIJN.

Dapperheid, om maar ergens eerlijk te beginnen, is een containerbegrip. Daar zit in elk geval strijdvaardige moed in. Daar zit oprechtheid in. Wie dapper aanpakt is moedig, zo eerlijk mogelijk, schat tegenstand juist in, raakt niet snel ontredderd als je om raad verlegen bent. Dapper is nooit raden naar goede raad. Niet gissen bij gemis aan basiskennis. Overleg plegen, erop afstappen, als je durft. Arglistig als een slang en argeloos als een duif. Het is, om een voorbeeld te noemen, 'nee' blijven zeggen, omdat het op dit moment anders zou moeten, maar niet anders mag zijn. Dapperheid is iets anders dan 'euthumisme'. Dat is opgewekt en kritiekloos ervan uitgaan dat alles wel goed zal komen. Eigenlijk moet je dapper zijn en nee zeggen, maar een regen van redenen weerhoudt je. Denk aan je collega's, aan de positie van de projecten waar je mee bezig bent, aan het belang van de afdeling, van naam en faam van de tent. Dapperheid haalt het niet als er bangigheid en vrees voor openheid is. Dapperheid faalt ook vaak als eerlijkheid een gevaar oplevert voor eigen positie. Dapperheid wil wel risico dragen, maar is niet altijd gelijk aan moed. Moed is meer: een bezit aan inzicht en doorzicht, 'zuversichtlich' durven zijn. Maar niet roekeloos onvoorzichtig. Excuus, dat ik zomaar het ethisch geweten-

Anne van der Meiden (Foto: Léontine van Geffen-Lamers)

'MOET EN KUN JE ALTIJD DAPPER ZIJN? ONDER ALLE OMSTANDIGHEDEN?'

kluisje van uw eigen motivaties binnenval. Ik neem niet aan dat uw morele overwegingen in het vak het karakter van een receptuur hebben. Ik geloof niet dat de ethisch geladen beslissingen altijd dezelfde moeten of kunnen zijn. Ik geloof niet dat er een soort algemene leidraad is voor dapper en moedig werken in de communicatie, waarin waarheid en wenselijkheid gecodeerd zijn.. Integendeel. Ik ga ervan uit dat communicatie in welke werkvorm dan ook ethisch gekwalificeerd wordt door de omstandigheden waarin je verkeert. Er bestaan geen voorgedrukte lijsten dapper en moedig handelen, tenslotte is er alleen een werkelijkheid die keuzes afdwingt. De toepasbaarheid van moed en dapperheid wordt bepaald door de aard van de situaties. Allemaal wisselend. Bijna steeds

kameleontisch. Elke morele beslissing die u nemen moet, brengt z'n eigen meetsnoer mee. Vaak is dat snoer elastisch, maar soms ook strabant onveranderbaar.

Eigenheid

De eigenheid van uw beslissingen hangt samen met uw beleving van de habitat, de omheining van het probleem, uw eigen verkaveling van het vak, uw persoonlijke levensstijl. Alle beslissers in uw communicatiedisciplines hebben hun eigen domeinen van authenticiteit. Al werkende leer je dat domein van je werk ompalen, afbakenen wat voor jou leefbaar is, in die situatie. Ik concludeer dan ook dat de ethische beslissing over de authenticiteit van je handelen toetsbaar is aan je eigen vrijheidsbeleving, stijl en moedbeleving. Ieder mens, zeker in de wereld van de communicatie, toetst zijn kansen al handelend, afwegend. Maar de meetlatten verschillen. Per keer, per geval. Soms zal hij tevreden moeten zijn met een zelf ontworpen 'reservatio mentalis', een voorbehoud, een terughoudendheid die de kans op communicatie vergroot. De ethiek van De communicator bestaat dan ook niet. Er zijn vele situaties die ethische beslissingen dicteren, bijbuigen, achteraf verwerpen of bevestigen.

Dapperheid even parkeren

Moet en kun je altijd dapper zijn, onder alle omstandigheden? Nee, je kunt dapperheid ook parkeren, tot een volgende gelegenheid, die wat betere kansen biedt. Dapperheid is niet gelijk aan overmoed. Integendeel. Dapperheid herbergt die kostbare eigenschap: in je gemoed je overwegingen bewaren tot geschikter tijden. De kansen en de gunstigste omstandigheden afwachten.
Is er een code voor dapper, 'zuversichtlich' handelen? Of heet die eenvoudig eer en geweten? Er zijn gedragsregels, er bestaat een moreel kompas, er is een waarschuwingssysteempje in je geweten, bij de een luider afgesteld dan bij de ander. Zelfs als je beter weet en de baas verkeerd voorlicht om een vervelende situatie te vermijden of een opening naar een beslissing te krijgen. Het morele kompas is wel degelijk gevoelig voor de luchtdruk en de magnetische velden die je niet kunt waarnemen.

Ik wil echt geen theoretisch betoog over moraliteit in de communicatie houden, maar een verhaal vertellen, waarin de 'vorher' en de 'zuerst' zu sagenden Dinge behandeld worden. U kent het verhaal waarschijnlijk uit verschillende bronnen. Het was op school vaak een onderdeel van de slotmiddag voor de grote vakantie: onze wiskundeleraar was sprookjeskenner en halve filosoof. Hij was het die ons de kernen van dapperheid, slimheid en welbegrepen eigenbelang onthulde, aan de hand van overdreven sprookjes. Ik kondig het verhaal alvast aan: het gaat over de gelaarsde kat.
Er is nog een andere kant aan de zaak: dapperheid is niet bruusk en risicovol handelen ter wille van de eerlijkheid of waarheid. Je bent gauw geneigd dapperheid op het lijstje van het welbegrepen eigenbelang te zetten.

Een rondje dapperheid schijnt u nodig te hebben. En tot u spreekt iemand met ervaring, die daardoor het onbetwistbaar zuivere zicht op de normen en waarden in de voorlichting is kwijtgeraakt. Door de jaren heen ingeruild voor praktisch schipperen. Eerlijk communiceren is soms niet meer dan dapper rondgaan met een scholteltje bonbons, waarin hier en daar punaises zijn verborgen. Allemaal verantwoord, niks gesjoemel. Niet draaien of stiekem achterhouden. Natuurlijk hoeft de baas niet altijd alles precies te weten. Natuurlijk kunt u de klant niet altijd overtuigen. Natuurlijk kun je lelijk iets vergeten. Of bar verlegen zitten om de juiste woorden en strategie. Of opvallend iets moeten achterhouden. Erger nog, je kunt ook, zoals eerder gezegd, gebruik maken van de genoemde 'reservatio mentalis', dat wil zeggen: bewust achter de kiezen houden als dat voor jezelf en andere partijen op dat ogenblik nuttig en aan te bevelen is. Dat bedoelen de fransen soms met 'reculer pour mieux sauter'. Je moet leren strategischer te denken, beter de weg leren kennen in de wirwar van belangen en opties in je werkomgeving. Communicatie leeft in elke situatie een eigen leven en corrumpeert onvermijdelijk. Ik kan niet niet communiceren en ook niet niet bedrieglijk communiceren. Ik kan niet puur bestaan, handelen, niet vlekkeloos communiceren.

De molenaarszoon

Ik vertel u dus een verhaal, maar u kent het al. Dat overkomt u in het vak vaak: hetzelfde vertellen in diverse intonaties, dan blijft het beter hangen. Het verhaal is van de verteller Perrault, die net als zijn collega's Grimm in zijn vertelsels erg veel opvoeding heeft aangebracht, maar dan van een bepaald soort. Opvoeding met een dosis lef en ongemak. Gruwelijk overdreven, soms voor de hand liggend. Dit verhaal gaat over een dier met een menselijk karakter, maar met een grotere dapperheid en slimheid dan al zijn medespelers in het verhaal. Om deze wijze kater heen scharrelt de jongste molenaarszoon die het beest geërfd heeft na de dood van de oude molenaar. Het valt voor hem

niet mee ambitieus en dapper te blijven als je ziet dat je andere broers met de molen en de ezel aan de haal gaan. Die kat is voor Perrault de scharnier van het verhaal. Een paar laarzen en een koddig jasje, meer heeft hij niet. En zijn baas, de jongste molenaarszoon, is vooreerst een arme schlemiel. Hoe kan hij nu door dapperheid verder komen? Die kat was de spil, alles wat erom gedrapeerd was, moest tenslotte buigen voor de slimheid van het beest. Ook de slimheid van de leraar. Sterker nog: de kat kreeg de slimheid van de wiskundeleraar alvast mee. Het verhaal moest dapper doorgaan. En dapper zijn is overzicht verzamelen, inzicht vergroten, uitzicht bieden. 'Sofrosune', wakkere schranderheid hanteren: op inzichtelijke wijze overzichtelijke samenhang vinden. Wachten als het nodig is. Met halve leugens of waarheden afleiden.

De molenaarszoon was dus straatarm. De kat legt zich er niet bij neer, meet zich een voorname werkkleding aan, een grote mond en hij weet precies waar hij moet toeslaan. Hoe kan hij de schlemiel helpen? Door een brutale fantasie te gebruiken. Hij rent met de zoon het land in, richting rivier. Hij gooit hem daar in het water. Natuurlijk net op tijd (een geweldig item voor een dappere voorlichter) passeert er een koets met de koning en zijn dochter. Op inspectiereis. Wat niet waar kan zijn, kan altijd in de voorlichting waar worden. De kat houdt de koets tegen: 'Help!' roept hij. 'De markies van Carabas verdrinkt!' Lakeien redden de jonge molenaar, kleden hem, zetten hem naast de prinses. Een prachtige promotieact. Even later roept een verbaasde koning: 'Van wie is dat grote land met arbeiders?' 'Van de markies van Carabas, net als dat grote bos daar', roepen de door de kat geïnstrueerde arbeiders. De koning raakt bijna verlicht van de voorlichting. De jongen krijgt een hoffunctie, de kat heeft overzicht, doorzicht en inzicht, mooie dingen voor een communicatiespecialist en stukje voor stukje groeit dat andere moois: de koning geeft de dochter aan de molenaarszoon. En ze leefden nog lang. Actie door dapperheid. Wat onmogelijk lijkt, is het soms helemaal niet. Veel te mooi, roept u wellicht. De harde werkelijkheid kent geen handige imagobouwers als de gelaarsde kat. Pr-mensen en topvoorlichters zijn geen tovenaars met gladjanusallures. Dat zeg ik: ze zouden nooit als lid van Logeion geaccepteerd worden en zo hoort het ook.

Houd goede moed

Maar kijk, dapperheid is het geloof dat doorzetten in vindingrijkheid wint. De raad is eerder goed gebleken. Er is vertrouwen. Vertrouwen veegt ook fouten weg. En leert altijd alert te zijn. Dat zou ik u ook toewensen: houd altijd goede moed en blijf dapper lopen, ook op al uw oneffen wegen. Heb goede moed en dat betekent in de praktijk dat u de juiste vorm van moed kiest in de situatie waarin u terechtkomt. Wees getroost met de gedachte dat alle eerlijkheid en

oprechtheid van alle communicatiewerkers niet voldoende zullen zijn om al uw wegen te effenen. Communicatiespecialisten zijn niet 'uno sono' geschapen. De een heeft een andere reservatio mentalis dan de ander. De een gebruikt een andere toonladder dan de ander. Pas op: dapper is niet gelijk aan overmoedig. Koester de kat in u, die het moreel paspoort niet vergeefs draagt: wees vooral wijzer dan uw omgeving. Treed terug als andere krachten passeren en het heft in handen nemen. Uw dienstbaarheid is uw wapen, de waarborg die in uw blazoen geweven is. Veel plezier in uw werk.

'PAS OP: DAPPER IS NIET GELIJK AAN OVERMOEDIG'

Anne van der Meiden,
Rede jaarcongres Logeion, 9 juni 2016

OGENBLIKKELIJK

'DIALOOG' BETEKENT LETTERLIJK ERGENS DOORHEEN KIJKEN, SCHRIJFT DAVID BOHM IN ZIJN KLASSIEKER OVER CONVERSATIES. MET EEN KNIPOOG NAAR JOHAN CRUYFF KUN JE ZEGGEN: 'JE GAAT ME ZIEN ALS JE DOOR ME HEEN KIJKT', MIJMERT GUIDO RIJNJA, COÖRDINATOR ALGEMEEN COMMUNICATIEBELEID BIJ DE RIJKSVOORLICHTINGSDIENST EN JURYVOORZITTER VAN DE GALJAARDPRIJS.

In een aangrijpende vertelling over zijn werk als klinisch psycholoog beschrijft Manu Keirse een meisje van dertien jaar dat haar doodzieke moeder bezoekt. Ze wil het uitgemergelde lichaam niet meer zien. Keirse raadt haar aan haar moeder aandachtig in de ogen te kijken, enkel in de ogen: 'De ogen blijven meestal ongeschonden. Ogen hebben geen leeftijd. Je sterft met de ogen die je als kind al had. In de ogen van haar moeder zal ze die mama zien, die intens veel van haar houdt'.

'Zie de mens' heet het boek van deze arts, die een thema aanroert dat in alle eenvoud de essentie van communiceren ontbloot. Ik schrijf met opzet niet 'communicatie'; het werkwoord drukt beter dan het bijna plastic aandoende zelfstandig naamwoord uit dat we iets *maken* zodra we contact leggen. Het voorbeeld van een stervende ouder doet mogelijk wat zwaarmoedig aan, maar voegen we in ons werk niet vooral waarde(n) toe als het schuurt?

Het gelaat

Wie in de ogen van een ander kijkt, wordt iets duidelijk van het mysterie van de ander. Mysterie? Ja, laten we wel wezen, hoe vaak niet 'schieten woorden tekort' en 'kun je er met je hoofd niet bij'? Oog in oog kan iets duidelijk worden, zeker bij een gekwetste ander (en zeg niet dat we daar in ons werk niet dag in dag uit mee te maken hebben).

'WIE OGENSCHIJNLIJK ERGENS TEGEN IS, IS OGENBLIKKELIJK OOK ERGENS VÓÓR'

Emmanuel Levinas, de in 1995 overleden filosoof van joods-Litouwse afkomst, noemt dit: de Ander in het Gelaat zien. Dat is niet bekijken, maar aankijken, en dat begint met niet iets, maar iemand zien. Wie ogenschijnlijk ergens tegen is, is ogenblikkelijk ook ergens vóór. Misschien beseft hij dat niet, of hunkert hij naar de erkenning van angsten, behoeften, dromen of waarden.

Meer ik

Frank Verborg is een hedendaagse filosoof (en organisatiekundige) die deze zomer een essaybundel publiceerde onder de titel *'Meer ik, meer moraal'*. Op het eerste oog een opmerkelijk motto: schuilt de kracht van wat we voor het goede houden niet in het vermogen dit te delen? In een tijd waarin we vermalen dreigen te worden tussen regels, spreadsheets, prestatie-indica-toren en meer van dat soort 'instrumentele rationaliteit' ziet de auteur mensen opstaan die 'een persoonlijke dialoog voeren en de aanwezige energie mobiliseren in de richting van wat mensen voelen dat bij hen past.' Hij noemt dat 'creatieve rationaliteit'. Door hun persoonlijke leiderschap ontstaat collectieve ambitie. Ook Tom van Dijk, die jaar in jaar uit focusgroepen begeleidt voor diverse overheidsorganisaties, komt in een analyse van de tijdgeest uit op de kracht van het persoonlijke appel. Tegenover gevoelens van ontheemding en onzekerheid neemt hij een heftig verlangen waar naar leiderschap en optimisme. Wie ziet mij aan en be-antwoordt en ver-antwoordt wat ik nastreef?

Tegenbinding

Ogenblikkelijke leiders zijn er in alle soorten en maten. Ze 'belichamen' een 'verhaal' waar je deel van wilt uitmaken. Ze 'spreken aan' met een vaak als 'kinderlijk' gekwalificeerde eenvoud. Doordat ze aansluiten en vanuit die aansluiting verbinden, hoewel 'tegenbinding' de lading misschien beter dekt, zoals socioloog Kees Schuyt eens beschreef.

Mensen zijn immers niet alleen op elkaar betrokken doordat ze het eens zijn. Is tolerantie in de kern niet het vermogen om iets waar je moeite mee hebt op te schorten? Ongemak is vaak meervoudig, zoals iemand op televisie een keer verwoordde: 'Ik ben het niet eens met de PVV, maar die Wilders zegt wel waar het op staat'. 'Paradoxen in zicht' noemde Anne van der Meiden zijn Galjaardlezing niet voor niets in 2004.

De arts in de intimiteit van een ziekbed, de ambtenaar aan de publieksbalie, de bestuurder in het wijkcentrum, de communicatieadviseur die hen faciliteert: publieke professionals kunnen helpen de ander aan te kijken en te doorzien waar ze op aansluiten. Is dat professionaliteit? Levinas spreekt van het appel dat van een ander uitgaat en Keirse van een *roeping*, volgens het woordenboek 'een grootse taak op een voortreffelijke wijze verrichten'. Dat is wat ik in de ogen van de inzenders van de Galjaardprijs zo vaak zie, en wat me keer op keer begeestert.

'ONGEMAK IS VAAK MEERVOUDIG'

Guido Rijnja schreef samen met Els Pool 'Waarderend communiceren. Durven verschillen als professionele competentie.' *Tijdschrift voor Bestuurswetenschappen* 3/2016

LEUKSTE STUDENTENHUIS
HOUDT INBREKERS BUITEN MET BIERFLESSEN IN DE VENSTERBANK

DE STUDIETIJD WORDT DOOR VELEN
BESTEMPELD ALS DE LEUKSTE TIJD
VAN HET LEVEN. OM DIT LEVEN
AANGENAMER TE MAKEN EN
OOK EEN BEETJE TE DENKEN
AAN DE BUREN VERDEROP
IN DE STRAAT, IS HET
LEUKSTE STUDENTENHUIS
IN HET LEVEN GEROEPEN.
STUDENTEN GAAN MET ELKAAR DE
STRIJD AAN OM UITGEROEPEN TE KUNNEN
WORDEN TOT HET LEUKSTE STUDENTENHUIS VAN DE STAD.

Smalle gangen overladen met vuilniszakken, pizzadozen, rollen tapijt, fietsen en soms zelfs matrassen. Na het openen van de voordeur is het vrijwel zeker dat dit de gang is van een gemiddeld studentenhuis. Het studentenleven staat bekend als een rumoerig bestaan met veel huisfeesten. Iedereen beschikt over ongeveer twee fietsen, waarvan er vaak één kapot is en verlaten buiten tegen de gevel staat. Dit is de setting waarbinnen de wedstrijd Leukste Studentenhuis zich afspeelt.

De strijd heeft inmiddels twee keer plaatsgehad in studentenstad Groningen, waar Huize Mona Lisa (2015) en Huize Dors (2016) met meer dan duizend euro aan prijzengeld huis-

waarts keerden. Groningen werd hierdoor als stad met ruim 50.000 studenten in het zonnetje gezet. Het doel is om studenten bewuster te maken van hun woonsituatie en de invloed die zij zelf uit kunnen oefenen op de thema's brandveiligheid, inbraakveiligheid, hygiëne, opgeruimdheid en hun relatie met de omgeving.

Themaweken en inspecties
Vijf weken worden de studenten iedere week uitgedaagd op een bepaald thema. Door ludieke acties worden ze thuis verrast en krijgen ze de tijd om actief op zoek te gaan naar kennis over dit thema. Aan het einde van deze weken, die vooral in het teken staan van de funfactor, worden de inspec-

teurs opgeroepen. Zij gaan langs alle huizen om te beoordelen op alle thema's en aan de hand van deze scores kan een winnaar worden bepaald.

Funfactor in relatie tot bewustwording

De thema's hebben een maatschappelijke achtergrond. Om studenten enthousiast te krijgen voor een thema als brandveiligheid worden er ludieke stunts vanuit de brandweer georganiseerd. De bel gaat, een huisbewoner doet open en ziet een brandweercommandant staan met een brandmelder in zijn hand. Een ontruimingsoefening! Het besef komt pas als 'iedereen' buiten op de stoep denkt te staan en er toch nog een huisgenoot bovenin de woning blijkt te zitten. Opvallend is ook dat bij bijna iedere ontruiming studenten vergeten om hun telefoon mee te nemen. Voor ieder thema worden dergelijke acties bedacht, om stu-

denten te laten nadenken over hun woonsituatie. Op alle thema's zijn de huisbewoners actief en vooral creatief om veranderingen aan te brengen. Zo worden de relaties met buurtbewoners versterkt door buurtpannenkoekenfeesten te organiseren. Of er worden bierflesjes voor de ramen gezet zodat, mocht er een inbreker binnenkomen, de studenten in elk geval gewekt worden. Studenten gaan erop uit om inbraakstrips, brandblussers en -alarmen aan te schaffen. In sommige huizen worden zelfs schoonmaakroosters ingevoerd om voor de inspectie alles spic en span voor elkaar te hebben.

Actief communiceren met de buitenwereld

Er wordt ook beoordeeld op communicatie met de buitenwereld. Van de studenten wordt verwacht dat ze hun omgeving actief op de hoogte houden van hun deelname aan de wedstrijd. Dit resulteert in leuke berich-

ten op social media, maar sommige deelnemers zoeken ook zelf de media op, van een interview aan een krant tot het te woord staan van een cameraploeg van een lokale tv-zender. Tijdens de themaweken stuurt de organisatie van Leukste Studentenhuis zelf ook een camerateam op pad om de wedstrijd op video vast te leggen: huisbezoeken, huisfeesten, maar ook interviews met de buren. Dit gaat wekelijks via Facebook viral en zorgt voor grappige opnames met een achterliggende serieuze ondertoon.

Beloning draagt bij aan verandering
Studenten zijn over het algemeen een uitdagende doelgroep: makkelijk te bereiken, maar lastig om in beweging te krijgen. Geldbedragen en leuke studentenuitjes blijken een goede motivatie te zijn om echt aan de slag te gaan. Enkele dagen voor de inspectie van schoonmaakbedrijf Asito blijkt bij meerdere studentenhuizen dat alle huisgenoten opgetrommeld worden om het hele huis van boven tot onder schoon te maken. Ook de overbodige spullen in de gang worden verwijderd om de vluchtroutes vrij te houden. Veel organisaties uit de lokale omgeving tonen interesse om een bijdrage te leveren aan de prijzen en werken actief mee aan de wedstrijd. Met het gewonnen geld organiseren de studenten leuke activiteiten of doen aankopen waar het hele huis baat bij heeft. Het streven is om in de toekomst de wedstrijd in verschillende steden uit te rollen en de thema's te laten bepalen door de doelgroep zelf, zodat ze makkelijker aanhaken en de campagne zelf vorm kunnen geven.

COMMUNICATIE,
JE BENT
HET WAARD!

'MIJN MAN EN IK HEBBEN SAMEN
ZES KINDEREN. VIER ZIJN ER VAN
HEM EN DRIE VAN MIJ.' ZO BEGON
IK MIJN TEDX-TALK VORIG JAAR,
TOT GROTE CONSTERNATIE VAN HET
PUBLIEK. WANT 4 + 3 = 7, TOCH?
DAT KLOPT, ALS JE ALLEEN NAAR
DE CIJFERS KIJKT EN NIET NAAR
DE CONTEXT. DIE LAAT NAMELIJK
ZIEN DAT ONZE JONGSTE VAN
ONS SAMEN IS, EN DAN KLOPT DE
REKENSOM WEER. HET IS EEN VAN
DE VOORBEELDEN DIE LATEN ZIEN
DAT CIJFERS OP ZICH NIKS ZEGGEN,
TENZIJ ZE RELATEREN AAN EEN
BEPAALD GEGEVEN, BINNEN EEN
BEPAALDE CONTEXT.

'HET WORDT STEEDS BELANGRIJKER OM ACCOUNTABLE TE ZIJN'

Hoe belangrijk context is, weet iedere communicatieprofessional, of het nou gaat om de doelstellingen van de organisatie, de organisatieomgeving of de mensen met wie we samenwerken binnen en buiten onze communicatieve organisaties. Het wordt steeds belangrijker om binnen die context *accountable* te zijn. Accountable in de betekenis van 'verantwoordelijkheid nemen' en 'verantwoording afleggen'. Laat zien wat je waard bent. En wat de waarde van communicatie is. En dan ben je er niet met het laten zien van cijfertjes …

Hoe word je accountable?

Wie in zijn werk rekening houdt met de accountabilitycyclus (gebaseerd op PLAN – DO – CHECK – ACT), is altijd een stap voor en weet wat hij moet doen om de goede dingen goed te doen. Accountable zijn is namelijk geen doel op zich. Je wilt de communicatie verbeteren, laten zien waarom communicatie nodig is en welk effect je ermee kan bereiken. Dan is het erg handig als

je weet wat wel werkt en wat niet. Een paar tips die je daarbij zullen helpen:

1. Verdiep je in de organisatiecontext; zowel structuur als cultuur.
2. Verdiep je in je vak; lees vakliteratuur, blijf leren.
3. Haal je plan maar weer uit de prullenbak; wees helder in wat je wil bereiken, maar blijf 'to the point'.
4. Formuleer heldere doelstellingen; daarmee maak je je ambitie concreet.
5. Baseer je op onderzoek en volg de accountabilitycyclus; tussentijds bijstellen is nodig!
6. Maak van accountability geen countability; onderzoek is meer dan cijfers.
7. Houd rekening met breinvoorkeuren; bedenk wat de ander nodig heeft om jou te begrijpen.

De laatste jaren zie ik een enorme ontwikkeling in accountability van communicatie.

Steeds meer communicatieprofs formuleren heldere doelen of ambities vanuit een professionele visie. Zij gebruiken onderzoek voor, tijdens en na hun communicatieinspanningen, om vervolgens de resultaten te verwerken in hun communicatieplanning. Of om hun doelstellingen tussentijds bij te stellen. Op basis van onderzoek kun je immers veel beter bepalen waar je je op gaat richten, hoe je je strategie gaat inrichten en wat je ten slotte moet verrichten.

Het appeal van de communicatieprof

Die vooruitgang op het gebied van accountability binnen ons vakgebied is knap. 'Wij', zo blijkt uit onderzoek, zijn immers meer gericht op de visie, het grote geheel, zijn wat ongestructureerd en niet zo tijdbewust en houden van afwisseling. Allemaal aspecten die passen bij de rechterbreinvoorkeur, terwijl accountability typisch appelleert aan de linkerbreinvoorkeur. Wat we echter niet moeten vergeten is dat, als we effectief willen zijn binnen de organisatiecontext, we rekening moeten houden met de breinvoorkeur van onze omgeving.

In de afgelopen tien jaar zie ik dat communicatieprofs die succesvol zijn op het gebied van accountability een mix laten zien van de linker- en rechterbreinvoorkeur. Je zou kunnen zeggen dat ze meer APPEAL laten zien. Appeal als in Authenticiteit, Professionaliteit, Passie, Empathie, Acceptatie en Leiderschap. Deze 'plastic woorden' verdienen natuurlijk enige toelichting:

- **Authenticiteit:** verantwoordelijkheid nemen, staan voor wat je waar kunt maken en dat inzichtelijk maken.
- **Professionaliteit:** aandacht schenken aan decisional accountability – welke beslissingen neem je en welke argumenten heb je daarvoor – en aan performative accountability – laten zien wat het effect is van communicatie. En die kennis gebruiken om te verbeteren.
- **Passie:** die je hebt door je visie op het vak en die verder groeit door de voldoening die je krijgt als je ziet dat jouw bijdrage zinvol is.
- **Empathie:** die ervoor zorgt dat accountability niet blijft bij het ophoesten van cijfertjes, maar gericht is op het effect voor de omgeving. Wat is de toevoegde waarde van communicatie, wat betekent het voor de context?
- **Acceptatie van fouten:** omdat je nog steeds accountable kunt zijn bij fouten, als je je inzichten maar gebruikt om je inspanningen bij te stellen.
- **Leiderschap:** door inzichtelijk te maken wat de toegevoegde waarde van communicatie is, ben je veel meer agendasettend dan trendvolgend.

Ik wens iedere communicatieprofessional veel APPEAL toe. Dat is goed voor ons vak, maar vooral ook goed voor onze eigen persoonlijke groei. *Go for it!*

Cathelijne Janssen is organisatie- en communicatieadviseur
www.cateau.nl

SOCIAL MEDIA IS DE REALTIME THERMOMETER VAN EEN EVENT

VAN NICE-TO-HAVE NAAR HAVE-TO-HAVE

WORDT HET NIET HOOG TIJD OM SOCIAL MEDIA EEN NOG PROMINENTERE PLEK TE GEVEN IN DE ORGANISATIE? DE TIJD VAN SOCIAL ONTKENNING IS DEFINITIEF VOORBIJ. TOCH ZIJN ER NOG STEEDS CEO'S EN VOORAL CFO'S DIE DE IMPACT NEGEREN OF BAGATELLISEREN. AAN DE HAND VAN NEDERLANDS GROOTSTE SOCIALMEDIA-EVENEMENT, SAIL AMSTERDAM 2015, DAAROM NOG ÉÉN KEER HET BEWEZEN BELANG VAN EEN GEDEGEN, IMPACTVOL EN ONMISBAAR SOCIAL BELEID.

SAIL Amsterdam 2015 had een heldere doelstelling: het moest de grootste Social Media SAIL ooit worden. Maar hoe doe je dat als je, zoals SAIL, een klein budget hebt en met een klein team werkt?

Zichtbaar zijn

Continue zichtbaarheid op alle socialmediakanalen is daarvoor cruciaal, waarbij je vanuit discipline en brede interesse altijd aanwezig bent. Zorgen dat je zo vaak als mogelijk post, maar wel relevant blijft. In een stijl die weleens botst met de risicomijdende maritieme traditie van SAIL. Maar het hogere doel, de grootste Social Media SAIL óóit worden, dicteert om strenge keuzes te maken. Volledig vertrouwen en mandaat van een directie en bestuur is dan nodig.

Nieuwe groepen bereiken waar ze al zijn

Twitter, Facebook, Instagram en YouTube zijn onmisbare kanalen. Moderne middelen als Snapchat, SnappyTV, Beacons, Ubideo en Periscope zijn daarnaast vol ingezet om jonge(re) groepen te bereiken. Alle kanalen werden verenigd op de interactieve website en app. Heel Nederland kon daardoor live deelgenoot worden van SAIL. Intensieve samenwerking met Twitter Nederland en Snapchat creëerden een miljoenenpubliek.

De motor van een socialmediabeweging ben je altijd zelf. En dus heb je contentleveranciers nodig. Vloggers, bloggers, fotografen, editors en redacteuren. Via social media vroegen we bewezen talent zich aan te melden als vrijwilliger. De respons was overweldigend! Tijdens SAIL was dit de grootste redactie van Nederland met 75 enthousiastelingen. Het eigen team bracht de verhalen als eerste. En werd zo ook leidend voor traditionele media. Een simpele tweet over onze controleboot leidde tot verzoeken van zowel het NOS Journaal als RTL Nieuws om te komen draaien. Een eerder traditioneel persbericht had tot nul respons geleid.

Relevante en spectaculaire content

Een eigen herkenbare, fysieke plek op het SAIL-terrein was nodig om alle socialmedia-activiteiten zichtbaar te maken en met kracht aan te jagen. De varende 'Social Media Boot' was als spin off van 'Het Glazen Huis' snel bedacht. Daar deed het redactieteam met speciale ambassadeurs dagelijks verslag van SAIL. Door SAIL-challenges te laten uitvoeren werd de relatie relevant. Zo moest vlogger Enzo Knol zijn persoonlijke SAIL-vlag uit een hoge mast halen. Door zijn hoogtevrees gaf dat niet alleen spectaculaire beelden, maar ook het bijna niet te bevatten bereik van twee miljoen volgers op social media.

Militaire precisie

Social media maken je event heel zichtbaar en dus ook ontzettend kwetsbaar. Vanuit het publiciteitscentrum werd daarom alles met militaire precisie in de gaten gehouden. Voor échte calamiteiten hadden we scenario's gemaakt. Van positief enthousiast, naar feitelijk neutraal naar absolute radiostilte. Zoals we geleerd hadden van de verschrikking met de MH17, wisten we dat dit een harde, maar noodzakelijke aanpak was. En voerden we die ook in de praktijk zo uit.

Onmisbaar

Social media inzetten gaat dus veel verder dan alleen de 'feestfactor'. Van *nice-to-have* naar *have-to-have*. Zonder adequate webcare is een evenement als SAIL niet meer tot een succes te maken. Ook niet meer te monitoren. Social media worden leidend in de hele operatie. Het webcareteam is namelijk vrijwel continu sneller op de hoogte van de hickups op het terrein dan de medewerkers op de locaties zelf. Het is de onmisbare realtime thermometer van een event. De rol van het communicatieteam wordt daardoor ook anders. Het communiceert niet alleen, maar signaleert, controleert én acteert. Webcaremedewerkers zijn écht de ogen en oren van je evenement. Dat SAIL een succes zou worden, wist het webcareteam al lang. 99% van alle posts op social media waren positief. Dan heb je eigenlijk geen offline-evaluatie meer nodig.

Niemand mag in 2016 het belang van social media nog onderschatten. En ook niet de aandacht en het werk dat het vergt. Visualiseer het bereik eens in aantallen voetbalstadions. Niet alleen als het gaat om grote evenementen als SAIL, maar ook bij kleinere events kun je met goede content nog vaak een aantal stadions vol krijgen op social media. Daar kunnen geen duurbetaalde marketingcampagnes tegenop. Goed gebruik van social media hoort qua belang echt bovenaan elk communicatieplan, -mix en -matrix te staan. Vanuit de visie, met ijzeren discipline en met altijd relevante inhoud is #SAIL2015 niet alleen de grootste Social Media SAIL ooit geworden, maar zelfs groter dan alle andere social events van Nederland in 2015 bij elkaar opgeteld.

Chris Janssen is communicatiestrateeg bij Q&A | Communicatie.

'ZONDER GOEDE WEBCARE IS EEN EVENT ALS SAIL NIET MEER TOT EEN SUCCES TE MAKEN'

HOE KRIJG JE DE KUDDE MEE?

HOE KRIJGEN WIJ DE ANDER MEE IN ONZE PLANNEN EN AMBITIES? IN DE BUURT, IN ONS TEAM, IN ONZE ORGANISATIE OF IN DE SAMENLEVING? DAT IS DE GROTE VRAAG DIE MIJ AL HEEL LANG BEZIGHOUDT. AL TWINTIG JAAR ALS JOURNALIST EN COMMUNICATIE-EXPERT, MAAR DE LAATSTE VIJFTIEN JAAR OOK ALS BOER EN SCHAAPHERDER. EN JE MAG WEL WETEN DAT IK IN DIE AFGELOPEN JAREN OP DE BOERDERIJ MEER HEB GELEERD OVER DIT VRAAGSTUK DAN IN AL DE JAREN DAARVOOR ...

De antwoorden op deze vraag kwamen eigenlijk meteen al, toen ik in 2000 weer terugkwam op de ouderlijke boerderij. De voorbeelden stapelden zich op. Als wij het hooi binnen wilden halen, was ik ongeduldig en gehaast. Mijn vader nam de tijd en sprak de wijze woorden: 'Het hooi moet zichzelf binnenhalen.' Ik werd stil. Of toen er op een dag een nieuwe medewerker voor het eerst mee kwam helpen. Mijn vader zei: 'Je moet niet zeggen wat hij moet doen. Laat mij maar.' Hij zei: 'Hier staan een paar laarzen, een overall, loop maar wat rond en kijk wat de boerderij van je vraagt.' Ik was stomverbaasd. Zo communiceer je toch niet met een nieuwe medewerker? Wie had hier nu verstand van leidinggeven? De nieuwe medewerker liep glimlachend weg en ging aan de slag. Ik heb hem de hele dag niet meer gezien. 'Kijk, nu zie je ook nog eens wat hij zelf ziet, in plaats van wat jij voor hem in gedachten had.' Bij zijn tienjarig dienstverband zei de medewerker tegen mij: 'Dat gaf voor mij de doorslag. Ik voelde meteen dat ik hier mezelf kon zijn, ik werd gezien, ik kreeg hier betekenis.'

'HIER HEB JE EEN PAAR LAARZEN EN EEN OVERALL. LOOP MAAR WAT ROND EN KIJK WAT DE BOERDERIJ VAN JE VRAAGT'

Verbind traditie met eigentijdse behoefte

Ik kreeg de smaak te pakken en wilde een meerjarenbusinessplan maken van de boerderij. 'Nou', zei mijn vader, 'je kunt beter met de boerderij iets gaan doen dat de traditie verbindt met de eigentijdse behoefte. Een boer verstaat de kunst om de dingen voor hem te laten groeien. Zorg dat je het anders gaat organiseren. Je maakt je veel te druk om je succes.'

Ik ging, enigszins in verwarring, met mijn schaapskudde rondtrekken in de regio. Zonder plan. Ongevraagd. En elke dag kwam ik wel iemand tegen die een potentie in mij of in de kudde zag. Een terreinbeheerder zag mij lopen en vroeg al snel of ik zijn gebied zou willen 'maaien'. Dat deed ik. Daarna zag een chef-kok mij lopen (die kijken trouwens heel anders naar kuddes) en hij vroeg: 'Kan ik kuddevlees bij jou bestellen?' Dat gebeurde. Een paar dagen later hield een onderwijzer mij staande. 'Doe jij ook iets met natuureducatie voor schoolkinderen?' 'Eh, ja', stamelde ik. Nu hebben wij vijfhonderd schoolkinderen op bezoek.

'Kun je ons ook vachten leveren?', vroeg een wolwinkel in Haarlem, toen de eigenaresse ons de kudde zag scheren. 'Wij zoeken iemand voor een workshop leiderschap', zei een manager uit een kantorenpark van Schiphol, toen ik daar met de kudde voorbijkwam en ik naar zijn mening nogal lang stond te wachten voordat de kudde zelf een weg overstak.

De kunst van potentie bevrijden

De kunst van communicatie is voor mij de kunst van de potentie bevrijden. Dat is wat ik als boer heb geleerd. Dat is dus niet de ander veranderen, maar een transformatie organiseren! Weleens een boer gezien die bij zijn akker staat te roepen dat de aardappels wat harder moeten groeien? Nee, het enige wat een boer doet is ervoor zorgen dat de omstandigheden kloppen. Vruchtbare grond, goed pootgoed, water, licht en lucht, en het liefst niet te veel onkruid. En vooral warmte. Als het warm wordt, dan gaan de dingen voor ons groeien ...

Inmiddels word ik gevraagd om deze wetten van de natuur te gebruiken voor allerlei groeiprocessen in mijn eigen buurt ('hoe komen wij weer bij elkaar in de buurt') en voor organisaties die zichzelf opnieuw willen uitvinden ('als de basis de Baas is'). De natuur is hierbij een mooie inspiratiebron. In de natuur is niemand de baas, zit het leiderschap er al in, is alles met elkaar verbonden, zitten de dingen in de kringloop, bestaat er geen afval, wordt elk talent als waardevol gezien en herkend, en zijn er altijd meervoudige winsten.

De kudde krijg je pas mee als je oprecht kunt luisteren naar wie de kudde is en wat de kudde wil. Een paradigmashift dus. Dat gaat over natuurlijke verbindingen maken. Dat de potentie wordt bevrijd, dat de ander zelf gaat groeien. En laat dat nu juist zijn waar wij in het publieke domein naar op zoek zijn...

Paul Bos houdt zich als voormalig journalist en communicatie-expert bezig met natuurlijke transformaties. Hij combineert het werk op de boerderij met het adviseren van individuen, teams, organisaties en regio's. www.boerbos.nl

RUIMTE VOOR DE **VECHT** SCHIET NIET MET HAGEL, MAAR IS RELEVANT

NIET MEER ÉÉN BOODSCHAP VOOR IEDEREEN, MAAR DELEN VAN MOOIE ITEMS, KORTE VERHALEN, GOEDE BEELDEN OVER THEMA'S DIE RELEVANT ZIJN VOOR DE DOELGROEP. DAT WAS DE AMBITIE VOOR DE COMMUNICATIE RONDOM DE PILOT RUIMTE VOOR DE VECHT HARDENBERG-OMMEN, INGEZONDEN VOOR DE GALJAARDPRIJS 2016.

Niet wat de afzender wil vertellen, maar de interesses van de doelgroepen vormden het uitgangspunt. Zodat doelgroepen als omwonenden, recreanten en agrariërs goed geïnformeerd zijn en positiever betrokken raken bij een project. Lees hoe contentmarketing ook zijn opmars doet in het publieke domein.

Meer bewustzijn

Wat doen waterschappen precies en hoe groot zijn de waterrisico's in Nederland? Die vraag beantwoordt het OESO-rapport 'Water Governance in the Netherlands'. De conclusie: men is zich niet bewust van de risico's en weet weinig over de waterschappen. Als antwoord hierop ontwikkelden SIR Communicatiemanagement en Inextenzo Brand Loyalty Management het online platform WaterInfo. Dit platform en de werkwijze die daarbij hoort maakt het voor waterschappen beter mogelijk dit gat te overbruggen. Waterschap Vechtstromen en de provincie Overijssel zagen de meerwaarde van dit platform bij projectcommunicatie. 'We gingen in gesprek met provincie Overijssel om een pilot contentmarketing op te starten. Begin dit jaar zijn we gestart met deze oplossing', vertelt Renilde Huizenga, communicatieadviseur waterschap Vechtstromen.

Programma Ruimte voor de Vecht

Binnen het programma Ruimte voor de Vecht, tracé Hardenberg-Ommen, wordt de Vecht omgevormd tot een veilige en half-na-tuurlijke laaglandrivier. WaterInfo gebruiken we om agrariërs, omwonenden, natuurorganisaties, grondeigenaren en andere geïnteresseerden op basis van hun rol en interesses te informeren.

We hebben tijdens de eerste stap van de pilot de doelgroepen en thema's benoemd. Daarvoor gingen we persoonlijk in gesprek tijdens informatiebijeenkomsten. We gebruikten profiel- en interessekaarten voor het identificeren van groepen: het publiek, de ondernemer, de recreant, de grondeigenaar/omwonende/agrariër en de publieke sector.

Invullen van customer journey

Vanuit het doelgroepenonderzoek bepaalden we per doelgroep de *customer journey* en de *klantcontactstrategie*. Vervolgens ontwikkelden we op basis van verschillende onderwerpen een overzichtelijke contentkalender. Welke vragen heeft de doelgroep? En waar vind je de antwoorden? Vervolgens koppelden we de thema's aan rubrieken, om zo de content op een aansprekende manier over te brengen. Hiervoor maakten we gebruik van de rubriekenbox, met 200 inspirerende rubriekenkaarten. Deze hielpen ons een creatieve verpakking te maken voor de content. Voorbeelden van rubrieken die we voor dit project hebben gebruikt zijn 'in beeld', 'de schatkamer' en 'de keukentafel'.
Als duidelijk is welke informatie mensen willen hebben, is de volgende stap het mid-

del bepalen (bijvoorbeeld een video of visual) en het kanaal (website, nieuwsbrief, social media). Daarna maakten we een planning. Zo ontstond een uitgebreide contentkalender. De uitgewerkte customer journeys per doelgroep hebben we vervolgens vertaald naar het platform 'WaterInfo'.

Door profielverrijking steeds meer op maat

Doordat WaterInfo werkt met profielen leren we welke content succesvol is, welke content vragen oproept en wat de trends zijn in interesse en gebruik van content. Zo kunnen we de content steeds scherper toespitsen op de ontvanger. En zo communiceren we steeds meer op maat.

Voor de ontwikkeling van de content werken we met een redactieteam. Het redactieteam bestaat uit een mix van communicatieadviseurs en projectdeskundigen. Het team coördineert en ontwikkelt relevante content voor de benoemde doelgroepen. We halen niet alleen content op in de omgeving, maar we maken ook samen met de omgeving content (niet alleen zenden, maar juist luisteren naar de omgeving). Dit doen we door reporters en ambassadeurs in het gebied aan het woord te laten. De content voor deze pilot bestaat uit nieuwsitems, video's, animaties, factsheets, bijeenkomsten, planningen, foto's, visuals en dergelijke.

Inspiratie en kennis delen

Over contentmarketing bij publieke organisaties zijn nauwelijks voorbeelden of boeken te vinden. Contentmarketing is vooral nog het domein van B2B en B2C organisaties. Toch biedt contentmarketing voor publieke organisaties veel kansen. Het kan helpen bij het dichten van de bekende kloof tussen burger en bestuur.

De pilot Ruimte voor de Vecht Hardenberg-Ommen leverde input op voor het definiëren van een contentmarketingaanpak met zes stappen en voor tien principes van contentmarketing voor publieke organisaties. SIR Communicatiemanagement werkte deze principes uit en publiceerde die op Frankwatching. Ook organiseerde ze inspiratiesessies over dit thema.

Meer informatie programma Ruimte voor de Vecht Hardenberg-Ommen:
Renilde Huizenga, communicatieadviseur waterschap Vechtstromen, r.huizenga@vechtstromen.nl.
Online platform WaterInfo: Martijn Schenning, m.schenning@sir.nl of Arnoud Veldhuis, a.veldhuis@inextenzo.com.

www.frankwatching.com/de-10-principes-van-contentmarketing-voor-publieke-organisaties
www.ruimtevoordevecht.nl/hardenberg-ommen

ALLE JAGERS ZIJN HOOGBEGAAFD

DAT WAS WEL EVEN SLIKKEN. VAN WERKEN VOOR EEN EUROPESE ORGANISATIE NAAR WERKEN BIJ EEN NEDERLANDSE VERENIGING. NEE, HET WERKEN VOOR EEN BEURSGENOTEERD BEDRIJF MIS IK NIET EN HET IS OOK BIJZONDER FIJN OM WEER TE KUNNEN SCHRIJVEN EN PRATEN IN JE MOERSTAAL. WAAR IK VOORAL AAN MOEST WENNEN WAS DE REGELZUCHT EN HET EIN-DE-LO-ZE GEPOLDER DAT ONS LAND KENMERKT. IK WAS HET NA ZES JAAR INTERNATIONAAL WERKEN BIJNA VERGETEN.

Bij mijn terugkeer naar het Nederlandse viel het dan ook als een klamme deken over me heen: het kostte me meer dan een half jaar om enigszins thuis te raken in de regels rondom het dossier 'Jagen in Nederland.' Dat is het dossier waarvoor onze vereniging de belangen behartigt van onze leden: 21.000 jagers en 300 lokale jagersverenigingen.

De regels van de overheid

Mag ik je vermoeien met de regels waarmee jagers door de overheid, misschien wel jouw werkgever, op pad worden gestuurd als zij gaan jagen op een gans? Die regels verschillen per ganzensoort (er zijn zes soorten die bejaagbaar zijn), per provincie (twaalf), per maand (twaalf) en soms zelfs per postcodegebied op een aantal factoren: het tijdstip waarop ganzen mogen worden bejaagd, de manier waarop ganzen mogen worden gelokt, het aantal meters dat jagers van een natuurgebied af moeten zitten, of ganzen hun pootjes voldoende naar voren strekken en het aantal dagen dat een jager van tevoren moet melden dat hij een gans probeert te schieten.

Hier hebben veel van jouw collega's (als je bij de overheid werkt) veel tijd in gestoken. Dat staat vast. Maar waar is degene die met

dit beleid aan de slag moet? In dit geval de jager? Er zijn jagers die aangeven: 'Voor mij hoeft het niet. Het risico dat ik iets verkeerd doe, is te groot geworden.' Je kunt het de jager in kwestie niet kwalijk nemen. In dit dichtgetikte regelnet is de verantwoordelijkheid volledig bij hem komen te liggen. Als

hij één van de verplichte zestig formulieren niet goed invult of één van bovenstaande regels overschrijdt, dan is hij strafbaar.

Maar wat als de overheid hulp vraagt?
Let wel: het gaat hier om dezelfde jager die door de overheid wordt verzocht om de

'GA GEWOON ECHT IN GESPREK MET DEGENEN DIE JOUW BELEID STRAKS MOETEN UITVOEREN'

groei aan ganzen rond de vliegvelden in te perken in het kader van vliegveiligheid en iets te doen aan de miljoenenschade veroorzaakt aan de landbouw. En het is ook dezelfde jager die vrijwillig assisteert bij de 10.000 aanrijdingen met wilde dieren die jaarlijks in ons land plaatsvinden. Wat is het dat onze overheid de vrijwilliger met zulke draconische maatregelen durft op te zadelen? Is de aanname dat iedere jager in Nederland hoogbegaafd is? Of is het dan maar dikke pech voor de vrijwilliger als het mis gaat? Recent mocht ik een symposium bijwonen van wetenschappers over faunabeheer. Om onderzoek in dit vakgebied te kunnen doen werk je als wetenschapper samen met mensen die veel in het buitengebied rondlopen. Er was er welgeteld één die met waardering en respect over deze veldmensen sprak: de onderzoeker die zijn studie had gewijd aan muskusratten. Hij noemde het werk van de muskusrattenvanger een 'ambacht' waar hij 'respect' voor had. Niet geheel toevallig was hij voor mij de meest inspirerende spreker. Toen ik hem complimenteerde met zijn verhaal, hoorde ik een intrinsieke motivatie om de mensen van wie hij een belangrijk deel van zijn informatie ontving, te leren kennen. En daar legde hij naar mijn idee de vinger precies op de zere plek.

Tijd voor echt contact

Hoeveel mensen die onderzoek doen naar of beleid maken over maatschappelijk relevante vraagstukken hebben écht contact met de groep die het uitvoert of er uiteindelijk mee moet werken? Ik durf te stellen dat dat minimaal is. Met écht contact bedoel ik ook écht contact. Geen praatje pro forma met de doelgroep tijdens een gehaast werkbezoek. Geen stakeholdersessie in het buurtcentrum omdat zo'n avond in het draaiboek van elke communicatieprofessional staat. Geen Twitteraccount dat zichtbaarheid suggereert en door de afdeling communicatie wordt bijgehouden.

Kom op, communicatieprofessionals. Het gat is te groot geworden. Beleid wordt nog steeds achter een bureau bedacht en als het procedureel en juridisch klopt, leunt ambtelijk Nederland tevreden achterover. Zijn we zover dat dit de werkelijkheid is?

Verwerf je een plek in het proces waar beleid wordt gemaakt. Benoem daar hoe volstrekt belachelijk het is om vrijwilligers op te zadelen met onuitvoerbare regelgeving, dezelfde mensen die je op andere dossiers hard nodig hebt. Benoem die samenhang. Ga vooraf en tijdens het proces met degenen in gesprek die jouw beleid straks moeten gaan uitvoeren. Ik durf te wedden dat de tegenspraak en de rompslomp kleiner worden en de tevredenheid van de gebruikers groter. Een schone taak voor iedere communicatieprofessional bij de overheid. En als je behoefte hebt aan praktijkervaring op dit gebied: ik breng je graag met de jager in contact!

Drs Janneke Eigeman is teamleider communicatie bij de Koninklijke Nederlandse Jagersvereniging.
nl.linkedin.com/in/jannekeeigeman

DEMOCRATIE ANNO NU: IN GESPREK MET AMBTENAREN, BESTUURDERS EN POLITICI

EEN VERANDERENDE SAMENLEVING VRAAGT EEN NIEUWE ROL VAN AMBTENAREN, BESTUURDERS EN POLITICI. HOE GA JE OM MET INITIATIEVEN VAN INWONERS ALS DAT LEIDT TOT WEERSTAND OF ONGELIJKHEID? HOE LAAT JE ALS WETHOUDER MEER LOS? BETEKENT DAT DAN NIETSDOEN? VRAAGSTUKKEN DIE VOOR MEERDERE AMBTENAREN, BESTUURDERS EN POLITICI GELDEN. VOOR DE VNG OVERIJSSEL, PROVINCIE OVERIJSSEL EN HET PROGRAMMA LOKALE DEMOCRATIE IN BEWEGING WAS DIT AANLEIDING OP ZOEK TE GAAN NAAR EEN MANIER WAAROP AMBTENAREN, BESTUURDERS EN POLITICI ERVARINGEN KUNNEN DELEN OVER DE NIEUWE DEMOCRATIE.

INITIATIEVEN VAN DE SAMENLEVING VRAGEN OM MINDER REGELS.

KAN DAT?

Bekijk de 10 vraagstukken op:
www.lokaledemocratieinbeweging.nl/magazine

Ambtenaren, bestuurders en politici als doelgroep

Ambtenaren, bestuurders en politici zijn druk. Ze hebben weinig tijd en krijgen dagelijks veel informatie te verwerken. Het materiaal dat we maakten moest daarom relevant zijn, maar ook toegankelijk en behapbaar. De keuze voor interviews met een tiental ambtenaren, bestuurders en politici leek een logische keuze. En toch deden we het anders. Want wat is nu werkelijk relevant voor deze doelgroep? Waar gaat het om in de gesprekken over de nieuwe democratie? Het antwoord is: aansluiten bij de samenleving en luisteren naar de verhalen en ervaringen van inwoners. Dat was dus ons vertrekpunt.

Het begint bij de samenleving

We vroegen vijf inwoners en vijf ambtenaren naar hun ervaringen met de gemeente en provincie bij het verder brengen van een initiatief. Hoe ging dat? Waar liepen ze tegenaan? Wat zou beter kunnen? Op basis van deze tien verhalen, formuleerden we tien vraagstukken:

1. Een initiatief leidt tot weerstand in de omgeving. En nu?
2. Een initiatief vraagt om minder regels. Kan dat?
3. Een initiatief is niet haalbaar. Hoe ga je daarmee om?
4. Een initiatief leidt tot maatschappelijke ongelijkheid. Mag dat?
5. Minder regels bij een initiatief leiden tot het recht van de sterkste. Mag dat?
6. Er zullen meer initiatieven succesvol zijn, als inwoners beter begeleid worden. Kan dat?
7. Randvoorwaarden en kaders zijn nodig voor een succesvolle uitvoering van een initiatief. Eens?
8. De kans van slagen van een initiatief is groter als de gemeente er onderdeel van uitmaakt. Eens?
9. Initiatieven vragen om een ander besluitvormingsproces. Kan dat?
10. Initiatieven vragen om loslaten. Werkt dat?

Deze vraagstukken legden we vast op video. Ze vormden het startpunt voor de gesprekken met de ambtenaren, bestuurders en politici.

50 adviezen van ambtenaren, bestuurders en politici

De tien vraagstukken stonden in de gesprekken met ambtenaren, bestuurders en politici centraal. Dit leverde 50 adviezen op van wethouders, een griffier, een raadslid, een gemeentesecretaris, een burgemeester en een Statenlid. Soms werden meningen gedeeld. Soms ook niet. 'Wat betekent loslaten?', vroeg een ambtenaar zich af. Een gemeentesecretaris gaf aan dat je als gemeente meer op je handen moet gaan zitten. Eén van de wethouders vond echter dat je als gemeente veel meer moet faciliteren. Naast de advie-

Onlinemagazine:
lokaledemocratieinbeweging.nl/magazine
Kennisbank:
www.lokaledemocratieinbeweging.nl

lokale democratie in beweging

provincie Overijssel

zen, kwam uit de gesprekken ook naar voren dat de 'Democratie anno nu' een verandering vraagt van de verschillende rollen in het samenspel. Zo zouden raadsleden meer in de samenleving moeten zijn, in plaats van in de raadszaal. En bestuurders minder regie moeten voeren en meer los moeten laten. Door de adviezen op te hangen aan de vraagstukken en niet aan de ambtenaren, bestuurders en politici, staat het perspectief van de samenleving centraal. Dit maakt de content veel interessanter en prikkelender om naar te kijken. We brachten alles samen in een onlinemagazine.

Het onderwerp 'Democratie anno nu' is een actueel en relevant onderwerp. Het was daarom ook het thema tijdens de Overijsselse Bestuurdersdag op 16 maart 2016, waar de video's van de tien vraagstukken centraal werden gedeeld.

Inspiratie voor anderen

Het materiaal is een inspiratiebron voor ambtenaren, bestuurders en politici. Niet alleen in Overijssel, maar ook daarbuiten. De vraagstukken die zijn opgehaald, gelden immers niet alleen voor Overijssel. We willen in heel Nederland het gesprek stimuleren over de nieuwe democratie en op die manier ambtenaren, bestuurders en politici ondersteunen in het vormgeven van hun (nieuwe) rol in de lokale democratie. In het onlinemagazine zijn de tien vraagstukken en de 50 adviezen te bekijken. In de kennisbank is al het materiaal te downloaden.

De democratie anno nu
Het nieuwe samenspel

Meer informatie?
Voor meer informatie over het programma Lokale Democratie in Beweging kunt u contact opnemen met Frank Speel, programmamanager, frank.speel@vng.nl.
Kijk voor meer informatie over de aanpak en de middelen op de website van SIR Communicatiemanagement: www.sir.nl

BESTUURDERS IN DE MIST

KOPLAMPEN PRIKKEN DOOR DE ZELFVERKOZEN MIST OP ZOEK NAAR PUBLIEK VOOR HET 'FESTIVAL VAN DE LACH EN MOOIE PRAATJES' DAT EENS IN DE VIER JAAR WORDT GEHOUDEN OP LOKAAL EN NATIONAAL NIVEAU. TIJDENS DAT FESTIVAL WORDEN BURGERS ONBEVANGEN BENADERD MET VERHALEN OVER HET ALLES WETEN WAT GOED VOOR HEN IS MET ALS HOOGTEPUNT DE VERKIEZINGSDAG.

De verkiezingsdag, waar elke bestuurder na afloop het aantal gewonnen zieltjes telt en beziet of het saldo voldoende is om de weelde van het pluche (weer) te mogen ondergaan om zich daarna weer onder te dompelen in (momenten van) onzichtbaarheid en onbereikbaarheid. De festivals zijn, met de Tweede Kamerverkiezingen op 15 maart 2017 en gemeenteraadsverkiezingen op 21 maart 2018, weer in aantocht!

'Bestuurders creëren hun eigen werkelijkheid', vindt Arjen P. van Leeuwen, 'met een groeiende kloof tussen inwoner en politiek bij gebrek aan communicatiekracht en regelmatig menselijk contact.' Van Leeuwen is zelf actief op alle maatschappelijke thema's,

waarbij hij succesvol inwoners eigenaar maakt van het vraagstuk en de oplossing met tal van mooie resultaten. Daarnaast ondersteunt hij bestuurders bij het goed inrichten van de communicatie met inwoners voor een structurele warme relatie.

Geloofsverloochening omwille van regeerdrift

Bestuurders en politici zijn in verkiezingstijd zeer actief om de burger te bereiken op de gewenste thema's. Met prachtige beloftes. Populisme viert hoogtij. Telkens blijkt men de vraagstukken (al lang) te kennen en weet men heel goed wat er voor nodig is. Zodra de stembussen zijn gesloten vindt er een spel plaats tussen de verschillende

politieke partijen om deel te mogen nemen aan de coalitie. Om te mogen besturen moet er hard onderhandeld worden en wint, maar verliest men ook belangrijke speerpunten om tot een gezamenlijk akkoord te komen.

Feest is er wanneer men dat akkoord heeft bereikt en men mag meeregeren, ook al betekent dit vaak dat men ongeveer tweederde van de eigen speerpunten heeft moeten laten vallen. Het verkrijgen van de positie van invloed weegt vaak zwaarder dan het handhaven van het door de kiezer verkozen belang. Dit zijn de gevolgen van een door ons verkozen democratisch systeem.

Ongeloof bij kiezers

Zodra een minister, staatssecretaris of wethouder in positie is en de portefeuille is toebedeeld ontstaat de veelgevoelde spagaat van verkiezingsbeloftebreuk. Vanaf het eerste moment zal een bestuurder tweederde van zijn tijd standpunten van coalitiepartners uitdragen waar het eigen hart niet mee verbonden is. En dit wordt haarfijn gevoeld door de burger. Ook al is dit het gevolg van de onderhandelingen om deel te mogen nemen aan de coalitie en is het tevens het kantelpunt waarbij men afscheid heeft genomen van de kiezer.

'De kiezer snapt niet hoe de verkiezingsbeloftes zijn verdampt en hun eigen held (tot hun schrik) vol verve de standpunten verkoopt van die andere partij. Dit grote

gebrek aan logica zorgt elke verkiezing weer dat de kloof groter wordt ... Ondanks de beloftes om het deze keer écht anders te doen. Woede en onbegrip nemen toe.'

Consequenties van gekozen systeem

Het huidige systeem kunnen we niet zomaar veranderen, betoogt Van Leeuwen, 'maar we kunnen er wel anders mee omgaan. En daarbij speelt goede communicatie een sleutelrol. Bestuurders en politici moeten veel meer (en blijvend) tijd steken in de relatie met de inwoners en uitleggen waar ze voor staan. En natuurlijk wat de consequenties zijn van mogen meeregeren. Dat meeregeren betekent dat je afspraken nakomt die je met elkaar hierover hebt gemaakt.'

Het zou mooi zijn als elke bestuurder bij elk mediamoment de gelegenheid aangrijpt om dit duidelijk te maken. 'Dat het standpunt dat hij uitdraagt een gevolg is van het coalitieakkoord. En hij er persoonlijk misschien anders in staat. Vanuit de persoon heel logisch, maar vanuit de rol onlogisch: je draagt de gezamenlijke standpunten met passie uit. Ook de journalist zit niet te wachten op het persoonlijke standpunt van de bestuurder. Die heeft alleen maar baat bij het contrast tussen het coalitieakkoord en de beloftes die een partij tijdens de verkiezingen heeft gemaakt.'

De politicus wordt als mens verkozen met *hart*gedragen standpunten, maar wordt bij regeerbevoegdheid een functionaris die afspraken uit een akkoord dient uit te voeren. 'Hier is de bestuurder kwetsbaar en veel te afhankelijk van de journalistiek. De pers is voor lokale, regionale en nationale bestuurders dé partner om belangrijk nieuws met het volk te delen. Het belang is overigens sterk afhankelijk van het perspectief. Voor politici is de kwetsbaarheid groot om het eigen standpunt door een 'onafhankelijke' journalist te laten delen. Dit pakt eerder negatief dan positief uit. Zelfs als de journalist het standpunt zorgvuldig en juist overbrengt, krijgt de inwoner niet rechtstreeks belangrijke zaken te horen.'

Belangrijkste instrument mist

Als je als bestuurder je eigen communicatiekracht ontdekt en je benaderbaarheid vergroot, ben je in staat het verschil te maken. Juist als mens moet je blijvend contact zoeken met de inwoner over te bewandelen wegen en de afwegingen bij genomen afslagen. En moet je ook juist openstaan voor contact en het gesprek waarbij je ook echt luistert naar de ander en oprecht bent in je mogelijkheden om het verschil te maken. Het belangrijkste communicatieve instrument ben je zelf, mits je nadrukkelijk communiceert over alle belangrijke maatschappelijke thema's en gevoeligheden hierbij niet uit de weg gaat. Zodra je communicatie over *jou* gaat, ga je de mist in en verlies je het contact met de thema's en de mensen voor wie je wilt bestaan. Ik kijk uit naar die

bestuurders die van communicatie en relatie echt werk willen maken om zo in contact met de inwoners mooie zaken te realiseren.

'STA ALTIJD OPEN VOOR CONTACT EN GESPREK, WAARBIJ JE OOK ECHT LUISTERT NAAR DE ANDER'

Contact met Arjen?
info@vanleeuwencommunicatie.nl
Of via LinkedIn: http://nl.linkedin.com/in/arjenvanleeuwen

IK LAAT JE NIET ALLEEN: PUBLIEKS-CAMPAGNE TEGEN EENZAAMHEID

RUIM DE HELFT VAN DE ROTTERDAMSE OUDEREN VOELT ZICH EENZAAM. EEN KWART HEEFT ZELFS NIEMAND OM OP TERUG TE VALLEN. TIJD OM DIT PROBLEEM OP DE KAART TE ZETTEN, OORDEELDE DE GEMEENTE ROTTERDAM. ZE ONTWIKKELDE HET ACTIEPROGRAMMA 'VOOR MEKAAR' EN SCHAKELDE TAPPAN COMMUNICATIE IN OM TE HELPEN MET DE BIJBEHORENDE COMMUNICATIESTRATEGIE EN PUBLIEKSCAMPAGNE.

'Eenzaamheid is een groot probleem', zegt Christine Nieuwenhuis-Geluk, communicatieadviseur bij de gemeente Rotterdam. 'Laatst hoorde ik over een oudere dame die al twintig jaar haar huis niet meer uit was geweest. Een buurtbewoonster belde bij haar aan. Zo'n verhaal komt binnen! Dit soort gevallen zijn zeker niet uniek in onze stad. Eenzaamheid onder ouderen is zelfs toegenomen de afgelopen jaren. Met het *Actieprogramma Voor Mekaar* proberen we Rotterdammers bewust te maken van deze problematiek en ze op te roepen er ook zelf iets tegen te doen.'

Social marketing sessie

In 2014 schakelde de gemeente Rotterdam Tappan in. 'We begonnen met een social marketing sessie', vertelt Christine. 'Samen met praktijkdeskundigen, een wetenschapper en een beleidsambtenaar gingen we de diepte in. Wat is eenzaamheid eigenlijk? Waarom vragen mensen niet om hulp? Het bleek moeilijk om je hand uit te strekken, maar ook om een hand aan te reiken. Dat is dan ook meteen het centrale thema binnen de discussie over de participatiesamenleving, waar de aanpak van eenzaamheid uit voortvloeit.'

Taboe doorbreken

'Er rust een taboe op eenzaamheid', stelt Jef Pfaff van Tappan Communicatie. 'Dit taboe kun je doorbreken door het te benoemen. Dat was dan ook de primaire insteek van onze communicatiestrategie. De gemeente was niet meteen enthousiast: gaat het eindelijk goed met onze stad, moeten we zo'n probleem breed gaan uitmeten.' Christine: 'Er was behoorlijk wat weerstand inderdaad. Maar Jef verzekerde ons ervan dat het on-Rotterdams zou zijn dit probleem niet te benoemen. Daar had hij een punt!'

Confronterende oproep

Onder de vlag 'Hebbie Effe', een verbindend communicatielabel, werd de campagne uitgezet. 'We kozen voor een opvallende aanpak, met een confronterende oproep aan alle Rotterdammers', vertelt Leonie Otto van Tappan. 'Wekenlang prijkten beelden van echte eenzame oudere Rotterdammers op bushokjes, metro's en in abri's met 'laat me niet alleen'. Een boodschap die je in het hart raakt en wakker schudt.

Flashmob

Jef: 'De campagne trapten we af met een flashmob, recht voor de Markthal. Een kleine honderd mensen dansten mee op het speciaal gecomponeerde eenzaamheidslied 'Laat me niet alleen' van Bart Wijman. De flashmob was een succes. In het Rotterdamse Miniworld (een overdekte miniatuurwereld, red.) is de flashmob nog steeds te zien!'

Handelingsperspectief

Maar met mensen wakker schudden los je eenzaamheid niet op. Hoe kunnen ze helpen in de strijd tegen eenzaamheid? De volgende fase van de campagne stond dan ook in het teken van het handelingsperspectief. Leonie: 'We lieten zien hoe eenvoudig het is om in actie te komen. Met de belofte 'ik laat je niet alleen' toonden we voorbeelden van echte Rotterdammers die iets voor een ander doen. Denk aan een boodschapje of een rit naar het ziekenhuis. Ook gaven we tien praktische tips tegen eenzaamheid die we via verschillende kanalen steeds lieten terugkomen.'

Resultaat

Uit onderzoek naar het effect, het bereik en de waardering van de campagne kwamen mooie resultaten naar voren. Zo zegt 29 procent van de ondervraagden zich de campagne spontaan te herinneren. En wel 62 procent geeft aan iets te willen doen voor anderen. Hiermee ligt er een goede basis voor het stimuleren van Rotterdammers om dit probleem samen aan te pakken. De landelijke media sloegen ook aan, onder meer de NOS, ÉénVandaag en Hart van Nederland maakten items over eenzaamheid en de aanpak ervan in Rotterdam. 'Je ziet nu dat Rotterdam net als op veel andere terreinen ook in aanpak van eenzaamheid koploper is in Nederland. Een resultaat om trots op te zijn. De Week tegen Eenzaamheid wordt dit jaar niet voor niets in Rotterdam afgetrapt!'

Werk gaat door

'We hebben niet de illusie dat we met deze campagne iedereen die eenzaam is helpen', vertelt Jef. 'Maar een grote groep mensen is zich nu bewust van het probleem. Dat is een goede start.' Rotterdamse initiatieven als Opzoomer Mee, dat al sinds de jaren tachtig goed buurschap bevordert en eenzaamheid bestrijdt, maken het verschil. Dat doen zij nu ook onder het label 'Hebbie Effe'. Zo kopen zij een bloemetje voor een zieke buurtbewoner uit hun lief-en-leedpotjes. Christine: 'Iets kleins als dit kan al een verandering teweegbrengen. Daar gaat het om!'

JOUW OPDRACHT IN DE PUBLIEKE SECTOR: VORMKRACHT ONTWIKKELEN

ALS WE ERGENS BEHOEFTE AAN HEBBEN IN PUBLIEKE EN POLITIEKE ORGANISATIES, DAN IS HET AAN VORMKRACHT.

Hoe goed we het hier in Nederland ook hebben, als we niet in staat zijn het publieke gesprek over goed samenleven beter te voeren en betere besluiten te nemen, dan kalft de legitimiteit van het gezag van de overheid af en de enigen die het leiderschap dan zullen én kunnen claimen, zijn populisten en verlichte despoten.

Zo. Daar helpt geen participatieproces aan.

Als er vertrouwen is, is dat heel mooi. Maar voeg ook wat politiek toe: belangentegenstellingen verkennen met scherpte, gepast wantrouwen, waar nodig harde woorden. Slechts uit belangentegenstelling ontstaat

algemeen belang.

Naast in 'in gesprek' gaan, moeten we vooral legitieme, inclusieve, wijze besluiten in het algemeen belang nemen. Geen *quick fixes* bij complexe problematiek. Dat voelt wel lekker, snelle oplossingen, maar het zijn Mickey Mouse-pleisters terwijl de wond door-ettert.

We verlangen naar hoge kwaliteit van het openbaar bestuur. Wáár voor ons belastinggeld. Gezag met legitimiteit.

Wat we daarnaast, bijna paradoxaal, verlangen: ruimte voor nuance en lerend vermogen – burgers, politici, bestuurders, ambtenaren en ondernemers – ze zoeken ernaar. Ruimte voor samenwerking aan maatschappelijke opgaven. Dynamiek waarin je kunt leren, veranderen, bijstellen fouten mag maken.

We verlangen naar ruimte voor al onze stemmen. Naar openheid, naar het kunnen uiten van diepe emotie, van woede en angst tot liefde. Verschillen van mening en van waarden, zonder bloedvergieten.

Veel legitimiteit komt tot stand in vormen en rituelen. In vormen vinden we belangrijke democratische waarden terug. Het politieke debat, bijvoorbeeld, is geen brainstorm, maar verantwoordingstheater. En dat bedoel ik koesterend. Zonder dat theater geen transparantie over de belangenafwegingen die ten grondslag lagen aan besluiten.

Uit de beleidsnota en het raadsbesluit, die de smetteloze route naar het einddoel beschrijven, spreekt de prachtige ambitie om mooie dingen in de gemeenschap tot stand te brengen. Die nota is het kanaal waarlangs invloed kan worden uitgeoefend op besluiten. Door politici en burgers. Het inspraakproces is – onder meer – geformaliseerde vrijheid van uiting.

De begrotingsbehandeling zorgt voor helderheid over de geldstromen.In participatievoorstellen vinden we het verlangen naar inclusie, naar het zoeken naar andere perspectieven. En we vinden daar het besef dat overheidsbesluiten zonder draagvlak, legitimiteit missen.

Deze vormen van de overheid moeten we koesteren, zolang ze helpen om die democratische waarden vorm te geven. Maar slechts dan. *Want we kennen ook tal van situaties waarin de vorm té star is en de vanzelfsprekendheid van de vorm ons juist in de weg zit.* Wanneer we lerend vermogen nodig hebben, bij vragen zoals hoe het moet met hoge schulden bij jongeren, of met een groot onontwikkeld gebied met enorme ecologische, cultuurhistorische, woon- en economische potentie in het drukste stuk van Nederland.

Het debat, het staande beleid, het spreekgestoelte, de inspreker, het bezwaarschrift, de nota, de hamer, de spreektijd, de motie, het verkiezingsprogramma, de indicator, de P&C-cyclus, de aanbesteding, het 'duale stelsel' en de Oekaze-Kok helpen dan niet. Wanneer we slechts gebruik blijven maken van deze krappe vormen, hebben we op zijn best wat extra bureaucratie en op zijn slechtst cynisme over de overheid en *workarounds* naast regels en wetten — workarounds die eerst *out of the box* en 'lef' heten, maar die ook corruptie mogelijk maken. Hoe dunner het boekje, hoe meer je erbuiten moet werken, immers. Dan wordt 'het grote geld' ook 'het grote belang' en 'de grote invloed'.

Onze opdracht
De opdracht voor ons allemaal (want wij zijn als burgers immers de opdrachtgever van de overheid) maar zeker voor commu-

nicatiemensen is: vormkracht ontwikkelen. Want voor dat goede democratische gesprek zijn nieuwe vormen nodig. Legitieme vormen waarin de *governance* van de overheid vorm krijgt aan gemengde, eerlijke tafels met zowel inwoners, ondernemers als bestuurders, ieder vanuit een heldere rol. Vormen waarin bij sturing en verantwoording over de grote sommen geld die we aan de gezondheidszorg en het onderwijs uitgeven, ruimte is voor cliënten van de zorg, ouders van kinderen en kinderen zelf. Nieuwe vormen voor zeggenschap, die niet meer via de klassieke zuilen loopt, maar in steeds wisselende netwerken.

Bij het ontwikkelen en toetsen van die nieuwe vormen, zijn mensen nodig die iets begrijpen van betekenisgeving, hoe kennis stroomt, van cultuur, van luisteren, vragen stellen. Die oor hebben voor stemmen die niet gehoord worden en de parallellen zien tussen communicatiekanalen en de vrijheid van uiting en transparantie. En die interventies plegen als ze zien dat een vorm democratisch gezien niet goed werkt en er vervolgens iets beters voor verzinnen. Kortom: mensen die vormkracht hebben.

Zet 'm op.

'VOOR EEN GOED DEMOCRATISCH GESPREK ZIJN NIEUWE VORMEN NODIG'

FAIRTRADE: VERTEL HET VERHAAL EN DOE MEE!

EEN ENTHOUSIASTE WETHOUDER, EEN BETROKKEN PROJECTLEIDER, EEN CREATIEVE COMMUNICATIEADVISEUR EN EEN GROEP HARDWERKENDE VRIJWILLIGERS. DIT BLEEK VOLDOENDE TE ZIJN VOOR DE GEMEENTE SÚDWEST-FRYSLÂN OM DE TITEL FAIRTRADE GEMEENTE IN VIER MAANDEN BINNEN TE HALEN.

'Tijd voor Fairtrade' is de slogan van de campagne. Na uitgeroepen zijn als 'Meest inspirerende Millenniumgemeente 2014', was het tijd voor een volgende stap. Onze boodschap is dat wij binnen onze mogelijkheden willen bijdragen aan bestrijden van armoede, versterken van onderwijs, verbeteren van volksgezondheid en milieu. Fairtrade staat voor eerlijke handel. Wij helpen hier graag aan mee. Passie en doorzettingsvermogen zijn onze succesfactoren.

Vrijwilligers doen het echte werk

We zijn begonnen vanaf nul, met alleen een doel. Een belangrijke voorwaarde voor een Fairtrade Gemeente is de werkgroep van vrijwilligers. Zij benaderen bedrijven en organisaties. Zij dragen de Fairtrade-gedachte uit. Zij doen het werk. De communicatie over Fairtrade in het algemeen en ons doel om Fairtrade Gemeente te worden moest het werk van die vrijwilligers makkelijker maken.

Om het project een goede start te geven, hebben we de hulp ingeroepen van VosLibert Communicatiegroep. Aan de hand van een tijdlijn hebben we acties vastgesteld en ons beperkt tot de bestaande middelen en momenten. Belangrijk vonden wij het

uitdragen van de boodschap door mensen, onze ambassadeurs. Ons motto: vertel het verhaal en doe met ons mee!

Uit het Fair Trade juryrapport

Het kernteam is in maart 2015 voor het eerst bijeen geweest en is op basis van een aantrekkelijk projectplan zeer voortvarend aan het werk gegaan. Op 26 maart startte het kernteam met een kick-off-evenement, gekoppeld aan de raadsvergadering. Wethouder Mirjam Bakker speelde daar een centrale rol in. Bovendien wordt gewerkt met een lokale ambassadrice: Manon Thomas, televisiepersoonlijkheid bij RTL. De jury is aangenaam verrast over deze aanpak: immers binnen enkele maanden zijn jullie erin geslaagd de aanvraag voor de titel onderbouwd in te dienen. De werkgroep verdient daar veel krediet voor.

Rond de kick-off van de campagne in maart en de daaropvolgende periode is er lokaal goede publiciteit behaald, zoals met de uitreiking van de certificaten door de wethouder, die in een opvallende bus rondtoerde: slim gedaan natuurlijk. Omrop Fryslân werd verschillende malen succesvol ingezet. Het kernteam kan het communicatieplan richting de toekomst verder ontwikkelen. Het aantrekken van één of enkele vrijwilligers die zich specifiek met communicatie bezighouden zou een goede stap zijn.

Binnen 4 maanden!

Onze aansprekende campagne en toegankelijkheid hebben ertoe geleid dat we te titel Fairtrade Gemeente in de zeer korte tijd van vier maanden hebben behaald. Om dit in perspectief te zetten: de meeste gemeenten doen er zo'n anderhalf jaar over. Naast onze vrijwilligers was ons belangrijkste communicatiekanaal de facebookpagina *DuurzaamSWF*. Want wij zien Fairtrade als onderdeel van ons duurzaamheidsbeleid. Inmiddels hebben we onze eigen Fairtrade-facebookpagina.

De samenleving wil graag meewerken

Bijdragen aan een betere wereld betekent dat je dit ook samen met de wereld om je heen op moet pakken. We kunnen dit niet meer doen vanachter onze bureaus. Uit het enthousiasme waarmee de vrijwilligers op pad gingen en hoe ze zijn ontvangen bij bedrijven en organisaties blijkt dat onze samenleving daaraan graag meewerkt. De betrokkenheid is groot, zeker als je mensen aanspreekt op hun passie. Deze campagne is een mooi voorbeeld van participatie. Met onze Fairtrade-campagne hebben we onze deuren wagenwijd opengezet en met weinig geld een aansprekende campagne opgezet.

Ambassadeurs

Natuurlijk vormen onze vrijwilligers de grootste ambassadeurs van de Fairtrade-gedachte. Maar om dit instrument kracht bij te zetten, hebben we tv-persoonlijkheid Manon Thomas gevraagd om onze ambassadeur te worden. Zij heeft een gezicht gegeven aan onze campagne. Manon Thomas komt uit onze gemeente en is bekend bij veel mensen. Zij heeft het kick-off-event gepresenteerd en is mee geweest met onze Tijd voor Fairtrade Tour. Zij vormde een duo met de wethouder Mirjam Bakker, M&M. Zo kreeg onze campagne een 'eigen gezicht' en werd Fairtrade hip. Manon Thomas gaat voor eerlijke handel, maar betrok ook het gebruik van streekproducten in haar betoog.

Samen verder

Inmiddels zijn we een jaar verder. Er is een aantal mensen uit de werkgroep gegaan. Maar de groep is ook alweer uitgebreid met nieuwe enthousiastelingen. Er kwamen voldoende aanmeldingen na een oproep op sociale media en in de huis-aan-huiskranten. Naast het werven van nieuwe Fairtrade-bedrijven en -organisaties, zetten we nu meer in op voorlichting door mee te doen met evenementen en acties. We hebben de samenwerking gezocht met Fair Fryslân, Noorden Duurzaam en andere werkgroepen in Friesland.

HOE GROTER DE KLOOF, HOE MOOIER DE BRUG

ZIJN WE, ZOALS FRANS TIMMERMANS STELT, VERLEERD HOE WE HET PUBLIEKE DEBAT OP EEN FATSOENLIJKE MANIER MOETEN VOEREN? IS DIT HET NA-IJLEFFECT VAN DE VERZUILING DIE ONZE SAMENLEVING DECENNIALANG KENMERKTE? EÉN DING IS ZEKER: VAN PREKEN VOOR EIGEN PAROCHIE IS GEEN OVERTUIGING OOIT VERANDERD. INTEGENDEEL.

Of ik, als 'deskundige' op het gebied van confronteren, weet hoe we grote maatschappelijke debatten beter met elkaar kunnen voeren? Ga er maar aan staan: Zwarte Piet of niet? Hoe vrij is de vrijheid van meningsuiting? Een dag zonder mening is een dag niet geleefd.

We kennen weliswaar de dynamiek en de wetmatigheden van confrontaties. Maar toch, een pasklaar antwoord dient zich niet meteen aan. Hier ligt een uitdaging en ik pak die handschoen graag op.

Verschil is informatie

Nederland polderland: we zien water bij de wijn als ultieme uitkomst van elke onderhandeling. Het is prima thuiskomen met een smakeloos compromis, als het pleit maar beslecht is. Lang leve het harmoniemodel! Dat is jammer. Waarom accepteren we niet wat vaker dat we soms winnen en soms verliezen? Dat er verschil ontstaat tussen de een en de ander? Want verschil is waardevol, verschil is namelijk informatie. Kwalificaties hebben alleen betekenis in relatie tot hun

'LAAT DE STRIJD OM HET GELIJK LOS EN ACCEPTEER DAT JE AF EN TOE AAN HET KORTSTE EIND TREKT'

tegendeel. Geen slim zonder dom of goed zonder slecht. Olympisch goud blinkt vooral omdat verliezers vier jaar moeten wachten of misschien nooit meer een kans krijgen. Hoe anders gaan wij buiten de sport met verschillen om? Daar dekken wij confrontaties graag toe met de verstikkende mantel der liefde.

Niks compromis!

De strijd om 'het gelijk' kent vele vaders: rancune, overtuiging, ego, macht of gewoon een slecht humeur. In de wederkerigheid van acties en reacties ligt – paradoxaal genoeg – niet alleen de oorzaak, je vindt er ook de oplossing van een conflict. Een goede bemiddelaar stimuleert juist de verbale en non-verbale confrontatie. Hij vergroot verschillen, versterkt tegenstellingen en voert de spanning op die in elk conflict besloten ligt. Niks compromis! Kijk elkaar aan en ga echt het gesprek aan, voel elkaars aanwezigheid en zie elkaars verschillen. Dat is heel ongemakkelijk.

Alleen als partijen over en weer emoties zien en voelen, loopt opgebouwde spanning weg uit het conflict. Pas dan ontstaat ruimte voor luisteren, dialoog en een heldere kijk op elkaars belangen en motieven. Gelijk en ongelijk, schuld en onschuld, ze worden veel minder relevant en maken plaats voor inzicht, begrip en aanvaarding. Het zijn voorwaarden om echt de verbinding te kunnen maken. Donald Mac Gillavry zei ooit: 'Hoe groter de kloof, hoe mooier de brug.' Waarvan akte.

Asociale media

De noodzaak van tweerichtingsverkeer staat haaks op de manier waarop maatschappelijke debatten anno nu worden gevoerd. Vaak zijn sociale media het speelveld, zijn deelnemers anoniem en is deelname dus vrijblijvend. Hier regeert de onderbuik door de afwezigheid van een confronterende tegenpartij. Wie onbeperkt hard mag gaan, moet beschikken over zelfbeheersing om niet uit de bocht te vliegen.

Erik van Muiswinkel ging in het Zwarte Pietendebat het duel aan en diende tientallen reageerders van repliek. De oud-Hoofdpiet bescheen tot in de nachtelijke uren de duistere hoeken van de anonimiteit. Er werd beledigd, gediscussieerd en beargumenteerd. Grenzen werden verkend, bepaald en verlegd. Het leidde tot ophef in de traditionele, offlinemedia. Enige uitleg bij Humberto's Late Night bleek geen overbodige luxe. Ook Diederik Samsom zocht persoonlijk de confrontatie met degenen die hem beledigden. Hij pakte – tot hun grote schrik – de telefoon. Weg anonimiteit, weg vrijblijvendheid. Waren ze het uiteindelijk met hem eens? Nee, zeker niet. Zagen ze in dat hun eerste reactie misschien wat overtrokken was? Ja, zonder uitzondering. Het concept sociale media kunnen we niet veranderen. De manier waarop we ermee omgaan wel.

Laat het conflict zijn werk doen

Wordt het tijd voor een Regisseur des Vaderlands? Iemand die het gezonde debat vormgeeft? Ik vermoed een betere optie: laat het conflict zijn werk doen.
Bij talloze discussies is geen scheidsrechter. En dat is maar goed ook, want we leven in een vrij land. Debatten zijn soms ingewikkeld of pijnlijk. Maar confrontaties zijn grensbepalend. Waar grenzen liggen? Geen idee, de deelnemers bepalen. De tijd zal het leren.

Ook een beter maatschappelijk debat begint bij jezelf. Koester de confrontatie met andersdenkenden en stop de verkramping. Laten we verschillen leren zien en – als het even kan – een respectabele plek geven in de discussie. Wees dapper, laat de strijd om het gelijk los en accepteer dat je af en toe aan het kortste eind trekt. Daar worden we als samenleving vooral beter van. Wie durft?

Marco Doeser is registermediator en specialist op het gebied van conflictcommunicatie.
contact@marcodoeser.nl
www.marcodoeser.nl

STROOIMANNEN
MAKEN WEG
IJSVRIJ VOOR
CULTUUROMSLAG

IN FEBRUARI 2015 STEMDE DE DIRECTIE VAN GEMEENTE 'S-HERTOGENBOSCH UNANIEM IN MET DE NIEUWE SOCIALMEDIASTRATEGIE. HET PLAN OOGSTTE LOF VANWEGE HET PRAKTISCHE KARAKTER IN HET HART VAN DE UITVOERING. EXEMPLARISCH HIERVOOR WAS DE 'STROOIMANNENCASUS'.

De gladheidsbestrijders van de gemeente worstelden met hun imago. Inwoners begrepen gemaakte keuzes niet altijd: 'Waarom is mijn oprit niet meegenomen?' Bovendien werken de mannen vaak 's nachts. De meeste inwoners liggen dan op een oor. Tijd om de strooimannen te helpen. En de aanpak die daaruit ontstond, leidde tot een nominatie voor de Galjaardprijs 2016!

Wanneer het plotseling glad wordt en de gemiddelde Nederlander moet de weg op, dan wordt er gemopperd. Als er niet binnen enkele minuten een schoon wegdek is, groeit de frustratie. Hoe begin je als je in zo'n specifiek geval het imago wilt veranderen?

Kan dat eigenlijk wel? Ja, door gemaakte keuzes begrijpelijk en inzichtelijk maken met een infographic. Deze liet onder meer zien dat de mannen slechts twee uur de tijd hebben om de hoofdroutes te bestrooien. Twee uur! We praten daarbij over en afstand vergelijkbaar met die van 's-Hertogenbosch naar Stuttgart. Dat uitbeelden geeft in een oogopslag inzicht en de infographic kreeg waardering tot in Essen (Duitsland).

Jullie wakker, dan wij ook!
Beelden hebben is mooi, maar die beelden moet je ook kunnen bewijzen. Dus besloten we om ook proactieve ondersteuning te geven aan onze 'strooimannen' op sociale

media. Kort gezegd zeiden we tegen de mannen: 'Jullie wakker, dan wij ook.' Iedere keer wanneer onze collega's uitrukten verscheen er een bericht op onze sociale kanalen, ook midden in de nacht. Hierdoor gingen inwoners begrijpen hoe vaak en op welke onmogelijke tijden het werk wordt gedaan en hoe en wat er wordt gedaan.

Een belangrijk onderdeel van die actieve ondersteuning is ook webcare. Hiervoor sloegen vrijwilligers binnen de afdeling Communicatie en het Gemeentelijk Contactcentrum de handen ineen. In een WhatsApp-groep schakelden we voortdurend met de strooimannen. Zo wisten we al op de eerste winterdag een huisartsenpost en een brandweerkazerne binnen het uur begaanbaar te maken en dat ook te delen met de rest van de (buiten)wereld.

Het is wel even wennen
In het begin kwam de waardering stroef op gang. Oud zeer vanuit beeldvorming was nog duidelijk voelbaar in de ondertoon van reacties. Maar dat veranderde snel. Binnen de kortste keren groeiden onze strooimannen uit tot de absolute trotse helden van onze organisatie op sociale media. Ze werden overladen met complimenten en waardering. Hun imago kreeg een enorme boost. Ons communicatiedoel is dus gerealiseerd. Maar wat maakt onze aanpak nou zo uniek en hoe belangrijk was het voor de organisatie als geheel?

'HET IMAGO VAN DE STROOI-MANNEN KREEG EEN ENORME BOOST'

Een blauwdruk voor meer onderwerpen

De aanpak is een blauwdruk gebleken die we nog vaak hebben herhaald voor allerlei onderwerpen. Opvallend hierbij is de diversiteit, variërend van mantelzorg tot bomenkap. Door te laten zien hoe mensen hun werk doen en onder welke omstandigheden, maak je vooroordelen tot waardering.

Door het succes van deze casus zijn we social content bij de gemeente 's-Hertogenbosch zeer serieus gaan nemen. We werken steeds meer met professionele filmmakers, animators en fotografen omdat beelden binnenkomen. De strooimannenaanpak heeft gezorgd voor een toenemende interesse voor sociale media in onze organisatie. Onze gemeentesecretaris ondersteunt de aanpak actief en daarmee is zij een van de ambassadeurs.

Door de nieuwe aanpak kregen we alleen al op Facebook in 2015 per bericht gemiddeld drie keer zo veel likes, drie keer zo veel shares en bereikten we ruim vier keer zo veel mensen dan in het jaar ervoor. Naar aanleiding van deze casus heeft de directie de meerwaarde ingezien van een professioneel webcareteam, dat er is gekomen. Sinds oktober 2015 zorgen vijf medewerkers voor webcare tijdens én buiten kantooruren.

Via sociale media sta je als organisatie in contact met en tussen mensen. Daar waar mensen met mensen praten (op sociale media) vindt beïnvloeding plaats. Onze collega's zijn onze beste ambassadeurs. Ze zijn betrokken, deskundig en betrouwbaar. De strooimannencasus heeft een grote stap betekend in de cultuuromslag die we als organisatie willen maken en onze helden staan met een glimlach voor je klaar, ook al is het midden in de nacht.

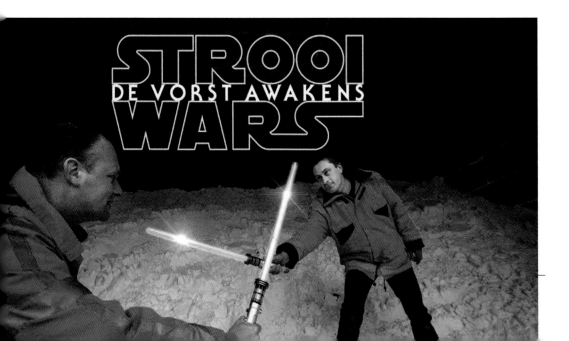

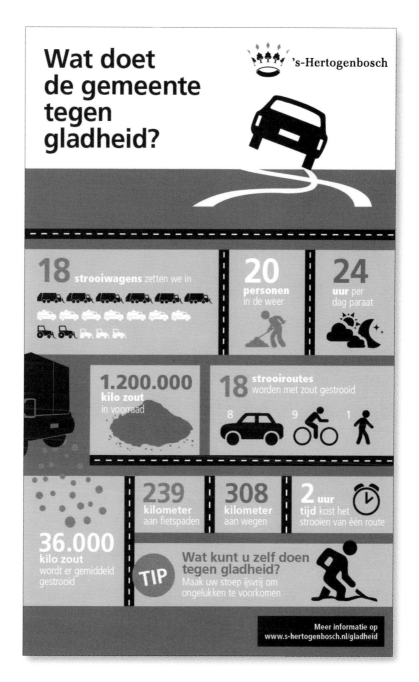

Met social content, zoals deze infographic, geeft de gemeente
's-Hertogenbosch tips, uitleg en toelichting op haar werkwijze.

NOORDERBAAN-BATTLE: JE BENT TE LEUK OM IN EEN BRIEF TE VERPAKKEN

THUIS BRIEVEN TIKKEN, VACATURES ZOEKEN OP HET NET, JE CV OPTIMALISEREN EN HOPEN DAT JE OPVALT TUSSEN ALLE ANDERE DRIEHONDERD SOLLICITATIES VOOR DIE ENE BAAN. BIJNA 600.000 WERKZOEKENDEN IN NEDERLAND WORDEN DAG IN DAG UIT GECONFRONTEERD MET DEZE KEIHARDE WAARHEID. ECHTER, DE TIJD VAN OEVERLOOS SOLLICITATIEBRIEVEN SCHRIJVEN IS VOORBIJ.

De gaten in de huidige arbeidsmarkt worden voor tachtig procent gevuld vanuit het netwerk en daarom verdienen werkzoekenden een eerlijke kans om hierin op een goede manier geholpen te worden. De NoorderBaanBattle biedt deze kans en is in 2016 genomineerd als een van de finalisten voor de Galjaardprijs. Mensen zijn immers te leuk om in een brief te verpakken.

Na drie maanden thuiszitten groeit de afstand tot de arbeidsmarkt in hoog tempo en daalt het zelfvertrouwen met meer dan vijftig procent. Een werkende gebruikt ongeveer veertig procent van zijn longcapaciteit, iemand in coma gemiddeld zestien procent en een werkzoekende na drie maanden thuiszitten nog slechts twintig procent. Schokkende cijfers die ten grondslag liggen aan het ontstaan van het concept 'NoorderBaanBattle'.

Breekijzer voor werkzoekenden

In de NoorderBaanBattle gaan werkzoekenden in teams van tien personen, onder begeleiding van twee enthousiaste ondernemers, zestien weken lang samen aan de slag om weer vertrouwen te krijgen en het eigen talent te ontdekken en te verpakken. Daarnaast gaan de teams ook daadwerkelijk op pad om mensen, professionals en bedrijven te ontmoeten om zo het netwerk en (baan-)kansen te vergroten én te oefenen in het effectief kennismaken. Een uitdaging voor veel van de deelnemers, ze zitten immers vaak al tijden zonder werk en het zelfvertrouwen heeft een flinke deuk opgelopen.

Teams vormen en aan de slag

Tijdens een gezamenlijke kick-off komen alle deelnemers bij elkaar en wordt bekendgemaakt in welk team ze de komende zestien weken zitten. De binding tussen de teamleden ontstaat al tijdens deze avond, waarop ze ook een eigen teamnaam kiezen. Na de kick-off komen de teams wekelijks met hun coaches bij elkaar. Deze meetings worden ingevuld aan de hand van de behoefte van de deelnemers. Willen zij graag sollicitaties oefenen of liever een training krijgen om kwaliteiten leren kennen? Elk team krijgt coaching volgens maatwerk. De BaanBattle is effectief, omdat er slim gebruik wordt gemaakt van de kracht, kennis en ervaring van de groep werkzoekenden. Door er enthousiaste ondernemers bij te

'NA DRIE MAANDEN THUISZITTEN GROEIT DE AFSTAND TOT BETAALD WERK IN RAP TEMPO'

betrekken (en zij weer hun netwerk), ziet de groep wat elk individu nodig heeft en hoe ze elkaar erbij kunnen helpen om dat te krijgen. Ze groeien in vertrouwen en realiseren prachtige resultaten.

Positieve energie

De dankbaarheid van deelnemers dat ze mee mogen doen aan de BaanBattle is groot. We doen het voor de groei die werkzoekenden in zo'n tijd meemaken: van grote neer-slachtigheid naar weer volledig stralen, met vertrouwen de wereld tegemoet tredend. Wat vooral positieve energie oplevert is zien hoe een individuele deelnemer erin slaagt om te worden wie hij is en te komen waar hij past. Neem bijvoorbeeld Vincent. Hij heeft een sportopleiding gevolgd en is door de Noor-derBaanBattle terecht gekomen in de ict-we-reld. Of dit is wat hij wilde en verwachtte

toen hij zich inschreef? Zeker niet, hij had nooit gedacht aan een baan binnen de ict. Toch zit hij nu helemaal op zijn plek en zou hij niets anders meer willen! En ook Ilja, die nu de wereld van het netwerken heeft ontdekt en op deze manier zijn droombaan in het laboratorium heeft gevonden. Het verschil bij elk individu raakt.

Veranderen van perspectief

Het mooie aan de NoorderBaanBattle is dat een hele groep werkzoekenden weer de wereld ingaat. Vraag het elke willekeurige deelnemer na afloop en ze zullen zeggen dat het laten zien van je gezicht een van de belangrijkste factoren is bij het zoeken naar een baan. In plaats van thuis zitten, leren ze mensen kennen die in hetzelfde schuitje zit-ten. Contacten zijn blijvend. Sommige teams blijven elkaar nog maandelijks opzoeken om ook in een later stadium gebruik te maken van elkaars netwerk. Daarnaast verandert hun perspectief op het werkzoekend zijn ook: 'Ik besef nu heel goed dat je een verhaal op verschillende manieren kunt 'framen'. Je kunt 'jammeren' dat je nog steeds geen leuke baan hebt gevonden. Of je kiest ervoor om positief te vertellen dat je alle kansen aanpakt en bereid bent om nieuwe werkzaamheden aan te gaan', aldus een van de deelnemers.

Overwinning vieren: niets verbindt meer dan gezamenlijk juichen

Aan het eind van de zestien weken komen alle teams weer bij elkaar. Dit keer voor de finale, het is en blijft natuurlijk een wedstrijd. Tijdens de finale krijgen de teams de kans om zichzelf te presenteren. Verhalen over de afgelopen weken worden gedeeld

en stuk voor stuk staan er zelfverzekerde, positieve mensen die trots zijn op hun deelname aan het project. Waar deelnemers tijdens de kick-off niet graag in de schijnwerpers willen staan en geen idee hebben hoe zichzelf te presenteren, wordt er tijdens de finale nog net niet gevochten om de microfoon. Stuk voor stuk zijn alle deelnemers op welk gebied dan ook gegroeid. Als beloning worden er tijdens dit eindevent drie prijzen vergeven. De Baanprijs voor het team dat de meeste deelnemers aan een passende bestemming heeft geholpen, de Exposureprijs voor het team dat bevindingen en activiteiten gedeeld heeft met de omgeving en natuurlijk de Publieksprijs. Deze wordt bepaald door de aanwezigen tijdens de finale, die een stem op hun favoriete team kunnen uitbrengen.

'NOORDERBAAN-BATTLE ZORGT VOOR GELUKKIGE MENSEN MET MEER ZELFVERTROUWEN'

Indrukwekkende resultaten

De NoorderBaanBattle heeft inmiddels meerdere malen bewezen dat het inspelen op behoeften van deelnemers, het creëren van vertrouwen en het netwerken zorgt voor effect op de arbeidsmarkt en resulteert in gelukkiger mensen met meer zelfvertrouwen en passie. Dit heeft ertoe geleid dat het project in 2013 beloond werd als winnaar van de BaanBrekendprijs (SER) en in 2016 werd uitgeroepen tot een van de vijf finalisten voor de Galjaardprijs Publiekscommunicatie (Logeion).

Tijdens de tweede editie van de Noorder-BaanBattle vond ruim 70% werk, ongeacht de achtergrond: van 18 tot 65, van mbo tot wo, uitkeringsgerechtigden, maar ook Wajong'ers, ex-gedetineerden en deelnemers zonder diploma's. De deelnemers groeiden twee hele punten op een schaal van tien op vertrouwen, zelfinzicht, social skills en netwerkvaardigheden: ze worden écht in hun kracht gezet. Als mooie bonus bespaart het project per honderd deelnemers ook nog eens 1,5 miljoen euro gemeenschapsgeld (uitkering).

Fundering van het project

De organisatie van het project is opgedeeld in een projectteam en communicatieteam. Het projectteam bestaat uit gelouterde professionals uit de hrm, projectmanagement en de communicatie en zorgt ervoor dat het project verder zal professionaliseren en meer partijen betrokken worden om werkloosheid aan te pakken. Het communicatieteam ondersteunt het projectteam en bestaat uit vrijwilligers, afgestudeerd in de communicatie, vormgeving of journalistiek en op zoek naar uitdagend werk.

BaanBattle gaat na behaalde successen landelijk

Door animo vanuit verschillende regio's in het land wordt in de toekomst het project aangeboden onder de noemer BaanBattle. Alleen ga je sneller, samen komen we verder.

www.noorderbaanbattle.nl
www.challengesolutions.nl

JIJ & OVERIJSSEL:
DROMEN MET LEF
EN VERTROUWEN

WAT MAAKT DAT JUIST JIJ&OVERIJSSEL, MET HAAR OP HET OOG NIET AL TE SEXY OPDRACHT OM DE KLOOF TUSSEN POLITIEK EN INWONERS TE VERKLEINEN, DE PRESTIGIEUZE GALJAARDPRIJS WINT? HET ANTWOORD IS BIJZONDER EENVOUDIG. JIJ WERKT VANUIT EEN DROOM EN DURFT MET ENTHOUSIASME EN LEF VOLOP TE EXPERIMENTEREN EN LEREN.

Het begon allemaal in 2009. De veranderende samenleving vraagt om nieuwe manieren van bestuur en politiek. Maar hoe? Deze vraag is de start van een gezamenlijk ideaal, het bijdragen aan het verbeteren en veranderen van het democratisch proces. En zo begint JIJ&Overijssel, in eerste instantie als een website om de zichtbaarheid van de provincie te vergroten. Langzaam maar zeker groeit het uit naar een platform om betrokkenheid van inwoners te kanaliseren en participatie aan te jagen. Sinds 2015 werkt JIJ&Overijssel aan de kwaliteit van het openbaar bestuur en begint de droom werkelijkheid te worden. Zeven jaar na de start van JIJ&Overijssel vonden de Provincie Overijssel en Boerdam dat JIJ&Overijssel er klaar voor was

om mee te dingen naar de Galjaardprijs. Na zeven jaar leren en experimenteren kunnen we zeggen dat het communicatievak niet langer gaat over de communicatie van het proces maar dat het proces communicatie is geworden.

Goede ideeën naar het provinciehuis brengen

JIJ&Overijssel is een brede beweging, met veel verschillende mensen en de inzet van verschillende communicatiemiddelen. JIJ jaagt actief op goede ideeën uit de samenleving en brengt deze naar het provinciehuis. Tegelijk geeft JIJ inwoners een stem in beleidsprocessen. Deze aanpak werpt op veel terreinen haar vruchten af. In het meest

'BEVLOGEN INITIATIEFNEMERS. BETROKKEN INWONERS. ALLEEN MAAR BLIJE GEZICHTEN'

Gedeputeerde Maij toonde zich verrast en noemde de avond bijzonder inspirerend. 'Er is zoveel creativiteit en betrokkenheid in onze samenleving. Het is een meer dan geslaagd experiment gebleken en zeker voor herhaling vatbaar.'

JIJ = inspirerend

JIJ&Overijssel inspireert op vele fronten. Allereerst natuurlijk de inwoners van de provincie. Er zijn veel verschillende soorten initiatieven op het platform geplaatst en gedeeld door mensen. Andere inwoners vullen deze plannen aan, bieden hulp aan, delen het in hun eigen netwerk en moedigen zo anderen aan. Medewerkers van de provincie gebruiken JIJ als informatie- en wervingskanaal. Om een stap te zetten in de formulering van de Omgevingsvisie werd JIJ Kleurt in de benen gezet. Vanuit maatschappelijke zaken werd Nieuwe Noabers gestart, een plek waar aanbod voor hulp aan vluchtelingen bijeenkwam. En ook andere overheden gebruiken de kennis en ervaring van JIJ, zoals de gemeente Hattem met haar participatieproces 'Samen Hattem'. Binnen het ambtelijk en bestuurlijk apparaat van de provincie jaagt JIJ verandering aan. Het prikkelt, stimuleert en motiveert medewerkers om anders te kijken naar hun besluitvormingsproces.

'VOOR DE
START VAN
HET PROJECT
GAVEN DE
PROVINCIALE
STATEN VAN
OVERIJSSEL
HET MANDAAT
VOOR DE
UITKOMST
VOLLEDIG
AAN DE
INWONERS'

JIJ&Overijssel

JIJ&Overijssel is een brede beweging waarbinnen veel verschillende mensen werken aan een droom en gebruik maken van verschillende communicatiemiddelen. Naast het onlineplatform is er een magazine dat een aantal keren per jaar huis-aan-huis wordt verspreid. Verschillende socialmediakanalen (Facebook, Twitter, Instagram) jagen aan en JIJ staat met regelmaat op in de huis-aan-huis bladen die door hele provincie worden verspreid.

De Galjaardjury over JIJ&Overijssel

'Deze inzending beantwoordt bij uitstek aan wat van het communicatievak wordt gevraagd: verbinden wat we 'buiten' noemen met 'binnen'. Dit project laat treffend zien wat mogelijk is bij het benutten van wat zich werkelijk voordoet, het maakt duidelijk welke waarde de organisatie écht aan publieke invloed toekent en hoe je je hierdoor onverschrokken kunt laten verrassen. JIJ&Overijssel heeft intern en extern aandacht voor betrokkenheid aangewakkerd en met elkaar als een lemniscaat verbonden.'

Het succes van het participatieplatform JIJ&Overijssel is mede te danken aan de bijzondere samenwerking tussen de Provincie Overijssel en Boerdam. Beide zijn eigenaar van het platform en het proces rondom JIJ&Overijssel en zijn dan ook beide verantwoordelijk voor de uitkomsten en opbrengsten.

ALMERE ZOEKT
PLEEGOUDERS

MET TWEE BUSJES VERTROKEN WE OP 21 APRIL VANUIT ALMERE NAAR DEN HAAG, OMDAT WE GENOMINEERD WAREN VOOR DE GALJAARDPRIJS. IN HET EERSTE BUSJE ZATEN PLEEGOUDERS, BESTUURD DOOR MILOUDA, MOEDER VAN VIER KINDEREN EN PLEEGMOEDER VAN TWEE PLEEGKINDEREN. VOOR ZO'N GROOT GEZIN HEB JE WEL EEN FLINKE AUTO NODIG! IN HET ANDERE BUSJE, DE COLLEGA'S VAN VITREE EN DE GEMEENTE ALMERE, MET EEN TWEE METER HOGE WISSELLIJST MET DAAROP EEN LEVENSGROTE POSTER MET PORTRET VAN PLEEGOUDERS RUTH EN AMY, MOEDER EN DOCHTER UIT BUSJE ÉÉN.

Juist in die week hingen op 36 plekken in Almere enorme foto's van echte Almeerse pleeggezinnen. Onderdeel van onze campagne 'Almere zoekt Pleegouders' die in oktober 2015 van start was gegaan.

Vanwege een flink tekort aan pleeggezinnen besloot de gemeente Almere in 2015 om aan Vitree budget beschikbaar te stellen voor een lokale pleegouderwervingscampagne. De gemeente wil alle kinderen zo dichtbij en zo gewoon mogelijk opvang kunnen bieden als nodig is. Niet zoals tot dat moment elders in de provincie Flevoland gebeurde, maar dichtbij huis, zodat kinderen op hun eigen school en bij hun eigen clubjes kunnen blijven. Op die manier kunnen de kinderen zo gewoon mogelijk het contact onderhouden met familie en vrienden, ook tijdens ingrijpende uithuisplaatsing.

Pleegouders zijn niet te koop
Samen met de beleidsadviseur Jeugd van de gemeente Almere (ook een ervaren pleeg-

moeder van inmiddels meerdere mooie jong volwassen mensen),maakten we een plan. '15 pleeggezinnen is de opdracht maar wij gaan voor 60', was onze missie. Altijd denken in mogelijkheden. We sloten aan bij de landelijke campagne Supergewone Mensen Gezocht van pleegzorg Nederland. In nauwe samenwerking met de afdeling communicatie van Vitree en met support van de afdeling communicatie van de gemeente Almere gingen we met ontzettend veel enthousiasme en passie aan de slag. We gingen voor groots en klein en vooral voor persoonlijk. Als je supergewone mensen wilt vinden moet je daar zijn waar die supergewone mensen zich bevinden. En heel belangrijk: zelf ook supergewoon doen. Het verhaal vertellen en ook uitstralen. Pleegzorg gaat over kinderen, ook supergewone kinderen die om allerlei redenen tijdelijk niet thuis kunnen wonen.

Netwerken mobiliseren

In een mum van tijd mobiliseerden we samen met de gemeente Almere al onze netwerken, zowel zakelijk als privé. We zaten bij sportclubs, scholen, wijkoverleggen, in kerken, bij de moskee, op de biologische markt, op de kerstmarkt. Overal waren we

'ALS JE SUPERGEWONE MENSEN WILT VINDEN MOET JE ZIJN WAAR DE SUPERGEWONE MENSEN ZICH BEVINDEN'

met informatie en aandacht aanwezig om te vertellen over het belang van pleegzorg in Almere. Niet iedereen kan pleegouder worden, maar bijna iedereen die we tegenkwamen wilde helpen pleegouders te zoeken. Sportclubs boden gratis advertentieruimte op de boarding van de sportvelden, kerken gaven ons podium om tijdens vieringen ons verhaal te vertellen, de stadsdichter schreef en publiceerde een artikel op zijn website, de lokale krant had aandacht voor pleegzorg in de stad en Almeerse BN'ers steunden onze campagne met persoonlijke tweets en facebookberichten.

Groots en klein

Door de crossmediale aanpak, 'het groots en klein' en vooral het aanhaken bij en mobiliseren van wat er al is in de stad, werd het thema 'pleegzorg' binnen twee maanden al *talk of the town*. Waar we kwamen zeiden mensen: 'Ik zag het ook al bij de voetbal – ik las het het in het kerkblaadje – ik zag die posters in de stad – ik las het in de krant – ik hoorde het op de radio'.

We organiseerden informatieavonden waar veel meer mensen dan verwacht op af kwamen, de informatiepakketten vlogen de deur uit en na een half jaar werven hadden we de vijftien eerste nieuwe pleeggezinnen al binnen.

Omdat de campagne opvallend succesvol was, spoorde de afdeling communicatie van de gemeente Almere ons aan om ons project in te zenden voor de Galjaardprijs. Zo gezegd zo gedaan. Het meedoen bracht ons nog meer mogelijkheden om pleegzorg voor het voetlicht te brengen.

We plakten de slogan 'Pleegouders verdienen de hoofdprijs' aan onze nominatie en vroegen onze steunende netwerken ons te helpen om stemmen te winnen voor de publieksprijs. Er kwam een enorme flow op gang, de burgemeester, de wethouder, Jörgen Raymann, Tanja Jess en vele vele anderen riepen op en hielpen mee om stemmen te winnen. Nog weer sterker werd 'pleegzorg' door onze deelname aan de Galjaardprijs *the talk of the town*.

Met de lokale media waren we al goede vrienden, alle aandacht zorgde er voor dat Almere Dichtbij een vierdelige serie over pleegzorg in de zaterdagkrant maakte, Omroep Flevoland vroeg ons diverse malen in de uitzending en overal vertelden we het verhaal. Het verhaal van kinderen in onze stad, kinderen in jouw straat, kinderen bij jouw kinderen in de klas.

Supergewone kinderen die door problemen in de thuissituatie buiten de stad moeten worden opgevangen, tenzij meer Almeerders hun huis en hart open stellen en we met elkaar zorg dragen voor de opvang van onze jonge stadsgenoten.

Pleegouders verdienen de hoofdprijs

Pleegouders zetten zich belangeloos in voor kwetsbare kinderen, zij maken ruimte in hart en huis en bieden, zo gewoon mogelijk, voor lange of kortere tijd een veilige plek aan kinderen die even niet thuis kunnen wonen. Vitree is supertrots op haar pleegouders. Niet voor niets hingen in april/mei 2016 overal in de stad enorme portretten van pleegouders. Zo zien pleegouders eruit, dat wilden we laten zien; supergewone mensen bij jou in de straat, bij jou in de kerk of moskee, bij jou op de tennisclub ... Als zij het kunnen, kan jij het misschien ook! Dat wilden we uitstralen en dat is gelukt.

Het is een van de onderscheidende kanten van onze campagne. Een enthousiaste en creatieve samenwerking tussen de gemeente Almere en Vitree.

De gemeente Almere bood tegen een betaalbaar tarief haar ingekochte reclame ruimte op billboards in de stad aan. Een prachtig voorbeeld van versterkende samenwerking.

Almere zoekt pleegouders – 'In het stadhuis van Almere klopt het hart van onze campagne'. Op het intranet van de gemeente staan ter inspiratie inmiddels zo'n 20 interviews met pleegouders en pleegkinderen, in de centrale hal hangen oproepen en aankondigingen van informatieavonden.

Op 21 april 2016 waren we dus samen met een aantal van onze pleegouders op de Galjaarddag. Vurig hoopten we op de publieksprijs waar we ons twee weken lang, bijna dag en nacht, voor hadden ingezet.
Ruth & Amy, een moeder en dochter die samen zorg dragen voor een klein meisje van 2 jaar, dat direct na haar geboorte aan hun zorg werd toevertrouwd, raakten het publiek met hun verhaal tijdens de pitch. Zij maken echt het verschil, net als heel veel andere pleegouders.

Pleegouders zijn onze beste ambassadeurs. Met hen samen is het gelukt om in korte tijd meer mensen warm te maken voor het pleegouderschap.

Pleegzorg is van het 'publiek' – van Supergewone Mensen en van supergewone kinderen. We waren dan ook erg blij toen werd bekendgemaakt dat de publieksprijs 2016 inderdaad ging naar onze campagne 'Almere zoekt Pleegouders'.

Wij hopen van harte dat onze bijdrage aan Galjaarddag 2016 en de publiciteit daaromtrent bij meer mensen de vraag heeft aangewakkerd:'Pleegouder worden, is dat iets voor mij?'

Sylvia Huisman – Projectleider Werving Pleegouders Almere voor Vitree.

HET THEMA 'PLEEGZORG' WAS BINNEN TWEE MAANDEN AL 'TALK OF THE TOWN'

Op de foto links: Sylvia Huisman - projectleider werving pleegouders Almere en Marga Tieken - beleidsadviseur Jeugd Gemeente Almere

JONGEREN-STADSLAB DEN HAAG BEVRAAGT DE DOELGROEP

JONGEREN VINDEN MEEPRATEN OVER BELEID MAAR SUF? IN DEN HAAG DENKEN ZE DAAR HEEL ANDERS OVER. HET JONGERENSTADSLAB VAN DE GEMEENTE DEN HAAG IS EEN BEWEZEN SUCCESVOLLE AANPAK OM JONGEREN TUSSEN DE 15 EN 27 JAAR AAN HET WOORD TE LATEN. NIET VERWONDERLIJK DUS DAT DEZE AANPAK EEN VAN DE VIJF GENOMINEERDEN WAS VOOR DE GALJAARDPRIJS 2016.

Het stadslab is een fysieke bijeenkomst waarin jongeren door een op maat gemaakte serious game worden uitgedaagd te participeren op de drie hoogste niveaus van de participatieladder: raadplegen, adviseren en coproduceren. In het (bord)spel kunnen zij hun stem laten horen over allerlei thema's. Met de ideeën gaat de gemeente ook echt aan de slag en natuurlijk blijven de jongeren ook daarbij betrokken. Om jongeren te wijzen op het jongerenstadslab wordt volledig ingezet op Facebook-advertising.

Luisteren wat er wordt gezegd

'Je wordt nooit ergens bij betrokken.'
'Ik weet er niet zo veel van om er iets nuttigs over te zeggen.'
'Aangezien het jeugd is, denk ik dat het iets met ons te maken heeft, maar verder zou ik er ook niet over nadenken.'
Zomaar wat reacties van jongeren op straat op de vraag waar ze aan denken bij 'gemeentelijk jeugdbeleid'. Dat moest veranderen. Den Haag wil een fijne plek zijn voor kinderen en jongeren om op te groeien. Een stad waar kinderen en jongeren met problemen

snel worden geholpen. Waarbij ieder kind, iedere jongere, de mogelijkheid heeft zijn talent te ontwikkelen en actief mee te doen in deze stad. In het jeugdbeleid staat hoe de gemeente daarvoor wil zorgen. En vooral *hoe*: door niet te praten over jongeren, maar vooral mét jongeren!

In je beperkingen schuilt je kracht

Toch weet iedere communicatiedeskundige dat 'jongeren' een voor de gemeente moeilijk bereikbare en politiek minder geïnteresseerde doelgroep vormen. In Den Haag kwam daar nog een uitdaging bovenop: tijd. Met twee maanden tijd voor ontwikkeling en uitvoering, de periode (zomervakantie) en

een beperkt budget, stond het team communicatie voor een fikse uitdaging. Maar zoals vaker blijkt: in je beperkingen schuilt je kracht.

Graag bij de gemeente en met pizza

De eerste stap in het ontwikkelproces was het direct betrekken van de doelgroep bij de conceptontwikkeling. Kennis *over* de doelgroep haal je het beste uit de doelgroep. Den Haag heeft een grote groep actieve jongerenambassadeurs. Dat zijn de *usual suspects*, maar zij kennen hun peers (*the unusual suspects*) beter dan wie ook. De ambassadeurs hebben de afdeling communicatie geadviseerd hoe ze de doelgroep konden bereiken

'DURF VAN VOOR DE HAND LIGGENDE SYSTEMEN, MIDDELEN EN WERKWIJZEN AF TE STAPPEN'

en enthousiasmeren. Hun adviezen liepen uiteen van locatie (liefst bij de gemeente zelf!) tot catering (bezorg-pizza's!) en van inhoud (kort, interactief en direct resultaat) tot benaderingswijze (Facebook).

Met deze adviezen, de eigen vakkennis en waardevolle netwerken ontwikkelde Den Haag de communicatiestrategie voor Het Jongerenstadslab, met waardevolle tips:

- Betrek de *usual suspects* om de unusual suspects te bereiken.
- Toets vooraf je aanpak bij je doelgroep.
- Denk niet in voor de hand liggende (eigen) communicatiemiddelen. Zorg dat je aanwezig bent daar waar je doelgroep is. Wij kozen voor Facebookadvertenties, gericht op verschillende typen jongeren. Met een gering budget kreeg elke doelgroep een eigen Facebookcampagne in zijn eigen Facebook-tijdlijn te zien. Dagelijks werd gemonitord naar het effect en bereik van deze campagne en waar nodig bijgestuurd of zelfs gestopt. Zo konden we sturen op een zo divers mogelijke groep deelnemers. Waar

traditionele communicatie via eigen social media, posters en flyers weinig tot geen effect heeft bij deze doelgroep, hadden we nu binnen 2,5 week ons target verdubbeld. Met een bereik van 70.000 unieke Hagenaars en 185.000 weergaven. En dat met veel minder budget dan normaal bij dit soort campagnes. Ter vergelijking: deze hele campagne kostte hetzelfde als 1 full-page-advertentie in het lokale Haagse weekblad.

- Organiseer een live bijeenkomst met als vorm *serious gaming*; een bordspel dat een doelgroepgerichte vertaling is van het beleidsthema.
- Houd de deelnemers ook na de bijeenkomst blijvend betrokken via e-mails en nieuwe bijeenkomsten.
- Pas het beleid en de uitvoering ervan ook echt aan en koppel de aanpassingen terug.

Welke kloof tussen jongeren en overheid?

De kloof tussen jongeren en de lokale overheid is met deze campagne kleiner geworden. Binnen no-time werden de verwachtingen overtroffen; niet de gewenste vijftig deelnemers, maar het dubbele aantal deed mee met het eerste Jongerenstadslab. Het jeugdbeleid van de gemeente is aangepast dankzij deze jongeren.

Zo gaven jongeren aan dat ze graag netwerken willen opbouwen waarin ze elkaar kunnen helpen, in plaats van afhankelijk te

zijn van coaches of volwassen professionals. Dit is nu verder uitgewerkt in het uitvoeringskader van Jeugd. Hierin staan acties gericht op het versterken van de eigen kracht van jeugdigen.

De jongeren vonden dat het beleid (te) veel gericht was op het aanpakken en voorkomen van problemen. Voor talentontwikkeling van jongeren was veel minder aandacht in het plan. De jongeren kwamen met het idee voor een evenement: 'The Hague's got talent!'. Dit wordt nu verder uitgewerkt in een nieuw jongerenstadslab.

Doe het anders

Durf als communicatieadviseur van de (voor de hand liggende) systemen, middelen en werkwijzen af te stappen. Zoek aansluiting bij de doelgroep die je wilt bereiken en creëer mét hen de juiste aanpak en campagne. Iedereen in jouw organisatie is blij als je het organisatiebelang en dat van de doelgroep op elkaar weet aan te sluiten. Sociale media bieden naast een goed communicatiekanaal ook een schat aan kennis over je doelgroep. Benut die!

NATIONALE FIETS TELWEEK: HET GROOTSTE FIETS- ONDERZOEK OOIT

NEDERLAND IS FIETSLAND BIJ UITSTEK. MET MEER FIETSEN DAN INWONERS IS ER EEN ENORME FIETSDICHTHEID. TOCH IS ER NOG WEINIG BEKEND OVER ONS FIETSGEDRAG. HOE VAAK PAKKEN WE DE FIETS? OP WELKE TIJDEN EN LANGS WELKE ROUTES? EN WAAR ZIJN ER KNELPUNTEN? HOOGSTE TIJD VOOR EEN LANDELIJK FIETSONDERZOEK. OM TE KIJKEN HOE EN WAAR HET BETER KAN.

Hoe meer we weten, hoe beter overheden met hun fietsbeleid kunnen inspelen op verkeerssituaties, hoe makkelijker ze het voor de fietser kunnen maken. Misschien pakken dan nog meer Nederlanders de fiets naar het werk? Dat was het achterliggende idee voor de Nationale Fiets Telweek. In 2015 ging het eerste fietsonderzoek in Nederland van start. Met een speciale onderzoeksapp zijn binnen één week zoveel mogelijk fietskilometers en fietsersstromen in kaart gebracht.

Unieke samenwerking: landelijke dekking
Het fietsonderzoek is een initiatief van fietsminded partijen waaronder de Fietsersbond, KeyPoint, Mobidot, NHTV Breda en Beaumont Communicatie & Management. Een jaar voor de start van de campagne zijn deze partijen het hele land doorgereisd om zoveel mogelijk lokale en regionale overheden te betrekken, voor financiële ondersteuning en draagkracht voor het onderzoek. Een aanpak van de lange adem, maar voor alle partijen win-win. De intensieve samenwerking zorgt voor een landelijk bereik. Met als opbrengst actuele data die provincies en gemeenten inzicht geven in fietsstromen en knelpunten in de eigen regio. Een goede basis voor gerichte verbetering van lokaal fiets- en verkeersbeleid. Want: meten is weten én verbeteren.

Nederland App de Fiets!

Het grootste fietsonderzoek ooit

Download de
App de Fiets! app en
maak kans op 1 van
de 20 gloednieuwe
Batavus fietsen!

FIETS TELWEEK

Meten. Weten. Verbeteren.

55.000 downloads:
verdubbeling van doelstelling

Veertien regio's en partijen* namen deel: van metropoolregio's in de Randstad tot de verste uithoeken van het land. Het commitment vanuit de opdrachtgevers was hoog, wat de campagne nog eens extra kracht bijzette. De overkoepelende boodschap: 'Doe mee aan het grootste fietsonderzoek ooit', in combinatie met een hoge fun-factor, zorgde voor een effectieve en leuke campagne. Met als resultaat 55.000 downloads van de app in een paar weken tijd. Een verdubbeling van de doelstelling van 25.000 downloads die nodig waren om het onderzoek te doen slagen.

Crossmediaal campagnevoeren

Maar hoe realiseer je met een beperkt budget zoveel mogelijk deelnemers ofwel downloads? Hiervoor is een korte, intensieve, crossmediale campagne ontwikkeld. Met een campagnestijl en slogan, 'App de Fiets', doorvertaald naar alle uitingen. Een landelijke campagne, vrijwel volledig online, vormde de basis, aangevuld met inzet van regionale en lokale overheden en samenwerkingspartners.

Drietrapsraket met hefboomeffect

De campagne had een totale doorlooptijd van vijf weken. In vier weken is Fiets Telweek vol onder de aandacht gebracht, in aanloop naar de daadwerkelijke Fiets Telweek van 14 tot en met 20 september 2015.

---

* 14 regio's en partijen participeerden in de Fiets Telweek 2015: gemeente Amsterdam, Stadsregio Amsterdam, Metropoolregio Rotterdam Den-Haag, provincie Drenthe, provincie Gelderland, gemeente Groningen, provincie Groningen, provincie Limburg en Maastricht Bereikbaar, provincie Utrecht, provincie Overijssel, provincie Noord-Brabant, ministerie I&M en Beter Benutten.

Hierbij is gekozen voor de drietrapsraket met een doelbewust hefboomeffect via:

1. Persoonlijk uitnodigen van doelgroep 'fietsvrienden': via direct e-mailings aan fietsliefhebbers, waaronder leden van de Fietsersbond, NFTU en Triathlonbond.
2. PR: na één campagneweek met ruim 8.000 downloads 'het grootste fietsonderzoek in Nederland' claimen. Dát was het haakje voor pers en algemeen publiek om *awareness*, betrokkenheid en activatie (downloaden app) te genereren.
3. Heel Nederland bereiken: een regionale aanpak in samenwerking met alle deelnemende regio's. Hiervoor is per regio een op maat gemaakte toolkit ontwikkeld met flyers, posters en nieuwsberichten, die zijn ingezet via de kanalen van provincies, stadsregio's en gemeenten.

Effectieve onlineaanpak: maximaal bereik

Dat de onlinecampagne werkte, bleek al snel: door het nationaal promoten van berichten en het delen van deze berichten door alle betrokken regio's groeide het bereik in zeer korte tijd. Er ontstond een actieve onlinecommunity van enthousiaste mensen die graag deelnamen aan het onderzoek. Als extra stimulans zijn er twintig Batavusfietsen verloot onder de deelnemers. Binnen een paar weken waren bijna twee keer zoveel downloads behaald dan begroot.

Meetbaar resultaat

Na vijf weken onlinecampagne en één week tellen hebben we een totaalaantal views van 30.408.903 behaald. Gemeten vanuit Facebook, Twitter en mailings.

Dit alles met een conversie van 175.798 (0,6%). Het engagement dat we behaalden lag op 42.097; dit aantal bestond uit reacties,

Meten. Weten.
Verbeteren.

We weten dat we veel fietsen. Minder
bekend is hoe we fietsen. Daarom
gaan we voor het eerst met een
nationaal onderzoek veel fietsdata
verzamelen. De inzichten die dit
oplevert, helpen ons bij het
verbeteren van het fietsnetwerk.
Zo maken we samen van Nederland
een nog beter fietsland.

Data | **Delen**

tweets, shares, retweets en favorites. Aan
het onderzoek deden meer dan 55.000
deelnemers mee die samen meer dan
2.000.000 kilometer hebben gefietst; het
dubbele van onze gestelde doelen. De Fiets
Telweek is door landelijke en regionale
pers breed opgepakt.

In 2016 vindt de tweede editie plaats. Het
onderzoek krijgt daarna een vaste plaats in
nationale jaarlijkse onderzoeken. Daarmee
is een nieuw merk geboren: de Nederlandse Fiets Telweek.

'UNIEKE SAMEN-WERKING MARKT EN OVERHEID VOOR MAXIMAAL BEREIK EN DEELNAME'

Meer informatie:
www.fietstelweek.nl
Video staat op:
https://vimeo.com/147017127

INNOVATIE ALS IMAGOVERSTERKER EN MARKETING-INSTRUMENT

MENSEN HELPEN OM HET BESTE UIT HUN LEVEN TE HALEN, DAT IS DE DRIJFVEER VAN GGZ FRIESLAND. WE ZETTEN PATIËNTEN MET PSYCHIATRISCHE PROBLEMEN WEER IN HUN KRACHT, WERKEN AAN HERSTEL EN ZOEKEN SAMEN NAAR KANSEN EN MOGELIJKHEDEN. ZO ONTSTAAT WAARDEVOLLE VERANDERING EN PERSOONLIJKE GROEI.

Dit proces vraagt om lef van de mensen die onze hulp vragen. Maar het vraagt óók lef van ons. Want als je een ander wilt laten groeien, moet je zelf ook durven groeien en innoveren. Een boeiende ontdekkingstocht!

Sinds de dag dat ik binnenstapte bij GGZ Friesland ben ik geraakt door de bevlogenheid van de medewerkers. Het zijn mensen die echt iets willen bereiken, continu streven naar 'beter'. Ik kreeg de prachtige kans om de afdeling Marketing & Communicatie naar een hoger plan te tillen. Hoe precies? Dat moest en mocht ik zelf ontdekken. Ik ging op onderzoek uit, luisterde naar mensen, liet van me horen, durfde te leren. Stap voor stap lukte het om te bouwen aan een stevig en professioneel topteam. Met heldere ambities en hart voor mens en organisatie.

Dare to dream, dare to do, dare to fail
Dromen, gewoon doen en fouten durven maken; deze grondhouding leidt tot daadwerkelijke groei, ontwikkeling en innovatie. De koppeling tussen marketing en innovatie is zo gek nog niet. Steeds meer maken we binnen het marketing- & communicatieteam

gebruik van het zogeheten *design thinking*. Daarbij gaan we aan de slag met wensen van cliënten en behandelaren. Er worden proto-types ontwikkeld en dat resulteert uiteinde-lijk in een startup-innovatie.

Virtual reality
Een mooi voorbeeld is onze *virtual rea-lity*-behandeling voor mensen met een angststoornis. Vanuit een situatie waarbij we zelf video's produceerden voor communica-tiedoeleinden, zoals de website en intranet, gaan we nu een stap verder. We ontwikkelen nu zelf 360-graden-videocontent voor onze

cliënten die virtueel een *exposure therapie*-behandeling ondergaan. GGZ Friesland is de eerste en enige instelling in Nederland die met eigen content een duale behandeling biedt met behulp van virtual reality. Inmid-dels wordt wetenschappelijk onderzoek gedaan naar de evidentie van deze behande-ling.

Tijdens de behandeling worden cliënten met behulp van de Oculus Rift of Google Cardboard blootgesteld aan verschillende situaties. Als iemand bijvoorbeeld een pa-niekstoornis heeft en bang is voor bepaalde

'ALS WE STIL BLIJVEN STAAN, STIJGEN DE ZORGKOSTEN BINNEN 17 JAAR NAAR MAAR LIEFST 25 MILJARD EURO'

openbare situaties, kan deze angst met de virtual-reality-therapie worden overwonnen. De behandeling wordt in twee vormen aangeboden: in de behandelruimte met de Oculus Rift en gewoon thuis met de Google Cardboard, in het kader van zelfmanagement.

Met deze therapie haalden we de landelijke media en stegen de aanmeldingen enorm; innovatie als imagoversterker en marketinginstrument dus!

Innovatie als succesfactor

Innovatie binnen een bedrijf is één van de belangrijkste drivers voor succes. Uit het reputatie-onderzoek van het gerenommeerde Reputation Institute blijkt dat de key-drivers *product & services*, *innovation* en *citizenship* samen voor 46 procent de reputatie van een organisatie bepalen. Innovatie moet dus beslist niet worden onderschat. Om innovatie binnen een organisatie goed te kunnen realiseren, is marktonderzoek nodig en moet een nieuw product na de startupfase op de juiste manier gepresenteerd én op de markt gebracht worden.

Inzetten op co-creatie

In het geval van virtual-reality-therapie konden we naast het marktonderzoek en de positionering, ook nog eens bijdragen aan het realiseren van de videocontent en het technische systeem. We hebben hiermee ervaren dat de scheidslijn tussen Marketing & Communicatie en Research & Development steeds dunner wordt. Dat is dan ook de reden dat we een innovatieplatform zijn gestart, gepositioneerd bij de afdeling Marketing & Communicatie. De innovaties binnen het innovatieplatform worden altijd in co-creatie ontwikkeld. Dit is een vereiste. Er worden geen startups opgezet zonder dat cliënten en behandelaren aan tafel zitten. Zij zijn de sleutel tot het succes van een innovatie.

Blijven kijken naar mogelijkheden en trends

Om in de toekomst de zorg kwalitatief goed en betaalbaar te houden, moeten we als organisatie blijven innoveren. De wereld om ons heen blijft veranderen. Binnen tien jaar is ongeveer 80 procent van de nu bekende producten en processen vernieuwd of verdwenen. Dit is misschien lastig voor te stellen, maar ga maar eens een decennium terug in de tijd. Facebook, Twitter en LinkedIn bestonden toen nog niet.

Als we stil blijven staan, stijgen de kosten voor de gezondheidszorg volgens het CPB binnen zeventien jaar naar maar liefst 25 miljard euro. Dat is 14 miljard euro meer dan nu. Voor een organisatie zoals GGZ Friesland betekent dit dat we moeten blijven kijken naar nieuwe mogelijkheden en trends, om in te spelen op de wensen en behoeftes van de cliënt. Wanneer je dit in co-creatie kunt vertalen naar bruikbare innovaties heb je een overtuigend, oprecht en geloofwaardig verhaal.

www.ggzfriesland.nl
Reageren op dit artikel? Louwra.Weisfelt@ggzfriesland.nl

HOE GESTRIPT IS JOUW COMMUNICATIE MET JEZELF EN ANDEREN?

HET ZIJN DRUKKE TIJDEN VOOR MIJN EGO. VLUCHTELINGENSTROMEN VANUIT HET OOSTEN NAAR HET WESTEN. WÉL OF GÉÉN ZWARTE PIETEN BIJ HET SINTERKLAASFEEST. DE ONELINERS VAN GEERT WILDERS OVER ISLAM. DE AANSLAGEN DOOR IS IN EUROPA. ZOMAAR WAT BEWEGINGEN DIE MIJN GEMOEDEREN LEKKER BEZIGHOUDEN.

Afgelopen zaterdag was ik na het sporten – in de sauna – onbedoeld getuige van een interessante discussie tussen vier heren over de Brexit. De verschillende niveaus van de saunabankjes gaven een aardige visuele ondersteuning van de meningen over de uitkomst van het referendum in Groot-Brittannië. 'Laat ze maar lekker in hun eigen shit zakken!', riep de man op het onderste bankje. 'Was het maar zo simpel', was het geluid vanaf de bovenste trede, 'Dit heeft nogal wat gevolgen voor mijn bedrijf!'. Waarop vanaf de flanken van de middelste bankjes Johnson en Farage ten tonele werden gebracht 'Wat een angsthazen, nu het erop aankomt weglopen en anderen de rommel laten opruimen!' De rest van dit gesprek laat ik aan je verbeeldingskracht over ...

De Egotrip

Het gesprek in de sauna is een voorbeeld van wat ik, in mijn werk als Egostripper, *trippende ego's* noem. Ik herken mijn hallucinerende ego vooral aan oordelen over mijzelf of

anderen. Mocht je nu denken: nou, daar heb ik geen last van, dan heeft jouw ego zich net geroerd en heb je kennisgemaakt met je eigen egotrip. Ik hoor regelmatig mensen verkondigen dat ze 'oordeelvrij' leven. Afgezien van het feit dat dit op zichzelf al een oordeel is, twijfel ik of dit überhaupt mogelijk is. Mijn trippende ego laat zich in ieder geval niet sturen of beteugelen. Dat is de natuur van de geest. Probeer het zelf maar eens. Als ik je vraag niet te denken aan het kapsel van Geert Wilders, dan danst zijn gezicht met bijbehorende manen vast en zeker voor je ogen. Klopt het?

In de greep van je identiteit

Maar wat heeft dit nu te maken met communicatie? Veel van het hierboven geschetste raakt de samenleving en daarmee ook het werkveld van de overheid. Het debat over de opvang van vluchtelingen zorgt in menig gemeente voor hoog oplopende emoties. Niet zo vreemd, want de gedachten over de vluchtelingenstroom ervaren veel trippende ego's als een bedreiging van hun identiteit. Oftewel, wie ze *denken* te zijn en hoe ze *gewend zijn* de wereld te zien. Deze trippende ego's herken je in het debat aan uitspraken als 'Ze passen hier niet!' en 'We moeten onze Nederlandse cultuur beschermen!'

Maar wat is identiteit dan? Ik zie het als een verzameling ideeën waarmee ik mijzelf label en identificeer en van waaruit ik, meestal onbewust, anderen in hokjes deel. Dit was ook het onderwerp van de campagne van GGZ Friesland, winnaar van de Galjaardprijs 2015. De centrale boodschap van deze campagne was: 'Niemand is zijn stoornis.' Doel van de campagne was om mensen met een psychische stoornis als diagnose te destigmatiseren. Een campagnefilm met een achterliggende gedachte die ik omarm. Natuurlijk *zijn* deze mensen niet hun aandoening, maar hebben ze slechts deze diagnose gekregen.

In de campagnefilm zie je echter hoe zeer wij gewend zijn om te labelen. Want zijn woorden als 'ondernemer' en 'doorzetter', die onder de te destigmatiserende labels in de korte film tevoorschijn komen, niet ook stigmatiserend?

Egostrippen in het publieke domein

Egostrippen gaat over bewustwording van je identiteit, de hechting hieraan en je egotrips die hieruit voortkomen. Maar dit is slechts één kant van de medaille. Het gaat ook over het onderzoeken van je eigen drijfveren en die van anderen. En hier ligt het goud! Ken je de beweegreden van de spelers, dan is het creëren van gezamenlijke oplossingen veel eenvoudiger dan wanneer iedereen vast blijft houden aan de eigen standpunten.

In een recente pilot in het gemeentelijk sociaal domein hebben deelnemers (werkzaam in het sociale wijkteam, bij inkomensondersteuning en handhaving) aan den lijve ondervonden hoe stigmatiserend hun identiteit kan werken. Het ego kleeft graag aan rollen en functies, zoals handhaver of hulpverlener, en creëert zo een gekleurde bril. Dit uit zich bij iedere functie in eigen belangen en 'waarheden'. Door deze beelden over en weer bloot te leggen en te delen vergroten we samen het blikveld van de deelnemers. Dit is de eerste stap op weg naar een integrale dienstverlening.

In de dagen erna hebben we met elkaar de focus verlegd van de ogenschijnlijke verschillen naar het creëren van gezamenlijkheid. De diverse teams hebben hun eigen drijfveren, van waaruit ze acteren, onderzocht en deze met elkaar gedeeld. Zo zijn al tijdens de training – door de helderheid over de drijfveren – prachtige nieuwe verbindingen tot stand gekomen die de verschillende functies binnen het sociaal domein overstijgen!

Door te egostrippen vergroten we jouw gezichtsveld en transformeren we samen jouw standpunten naar de onderliggende beweegreden. Dit vormt het fundament voor nieuwe waardevolle oplossingen. Strip je mee?

Kijk voor meer info op: www.egostrippen.nl
En volg Ramon op Twitter: **@RamonDolfin**

MET ROOMIE
STAAN JONGEREN KLAAR VOOR HUN VRIENDEN

MANON WAS ALTIJD EEN VROLIJK, SPONTAAN MEISJE. NAARMATE HAAR THUISSITUATIE VERSLECHTERT, WORDT ZIJ STEEDS STILLER. HAAR BESTE VRIENDIN ZIET HAAR VERANDEREN EN WIL GRAAG HELPEN. MAAR ZE WEET NIET HOE. ZE BESLUIT EEN FOTO MET EEN ROOMIE-SYMBOOL TE STUREN OM HAAR VRIENDIN TE LATEN ZIEN DAT ZE VOOR HAAR KLAARSTAAT. DAT IS PRECIES HET DUWTJE IN DE RUG DAT MANON NODIG HAD OM HAAR VRIENDIN IN VERTROUWEN TE NEMEN.

Dit effect wilden reclamebureau Noise en pr-bureau HvdM bereiken met de Roomie-campagne in opdracht van de Rijksoverheid. Het doel: zo veel mogelijk jongeren activeren om met elkaar te praten over (vermoedens van) mishandeling.

Ik sta er alleen voor

Jongeren die mishandeld worden denken vaak dat zij er alleen voor staan. Terwijl uit onderzoek blijkt dat bijna alle tieners hun vrienden willen helpen. Jongeren vinden het juist belangrijk er voor hun vrienden te zijn. Ook bij problemen thuis. Dit gegeven vormde de basis van de Roomie-campagne: hoe kunnen we voor tieners de drempel verlagen met elkaar in gesprek te gaan? De campagne introduceerde daarom een symbool waarmee jongeren zichtbaar maken dat zij klaarstaan voor hun vrienden: de Roomie.

Voor en door jongeren

Jongeren boeien en binden was de uitdaging. Zij staan open voor informatie en acties, maar hun aandacht vervliegt snel. Juist omdat bij deze groep traditioneel zenden 'dodelijk' is, wilden wij dat zij zelf met de Roomie aan de slag gingen en hun hulpbereidheid lieten zien aan vrienden. De Roomie moest een symbool van jongeren zelf worden. Daarom kozen wij voor de aanpak 'voor en door jongeren'. De doelgroep werd aangesproken in hun eigen taal en op platforms waar zij al gebruik van maken. Populaire *social influencers* maakten in hun eigen stijl video's en posts over het belang van vriendschap en hoe je met Roomie laat zien dat je klaarstaat voor je vrienden. Deze video's en posts deelden zij via hun socialmediakanalen en zij riepen fans en volgers op ook met Roomie te laten zien dat zij hun vrienden willen helpen. Dit zorgde voor brede bekendheid.

Jongeren Taskforce Kindermishandeling

Om de boodschap 'klaarstaan voor je vrienden' te verdiepen en gerichte handelingsperspectieven te bieden wanneer een vriend vertelt dat hij zich thuis niet veilig voelt, werkten wij samen met de Jongeren Taskforce Kindermishandeling. Jongeren die zelf huiselijk geweld hebben meegemaakt,

> 'De blauwe plekken op mijn lichaam wist ik te verbergen. Mijn omgeving merkte niets. Als leerling viel ik niet op, ik was niet stil en niet luidruchtig. Niemand merkte dat ik kapot ging van binnen. Al zou ik mijn verhaal het liefst vertellen, ik durfde niemand te vertrouwen met mijn problemen. Thuis werd me ingepeperd dat het niet de bedoeling is de vuile was buiten te hangen.'
> – *Ervaringsdeskundige Jongeren Taskforce Kindermishandeling*

deelden hun verhaal op websites, fora en in jongerenmagazines. Vervolgens stimuleerden wij dat tieners met elkaar in gesprek gingen. Zo organiseerden we live-vragenuurtjes met de populaire site *Girlz!*. Ook stuurde onze Roomie-avatar op de onlinecommunity Stardoll berichten naar 42.500 andere 'dollies' om het gesprek over mishandeling op gang te brengen. Levendige gesprekken op het Roomie-forum waren het gevolg. Jongeren vertelden over hun problemen en gaven elkaar advies. Meer dan 5.000 dollies lieten met de digitale Roomie zien dat zij klaarstaan voor hun vrienden. Om jongens te betrekken werkten wij samen met Power Unlimited en ontwikkelden content

'Ik durfde vroeger met niemand over mijn thuissituatie te praten. Als ik toen had geweten dat anderen voor mij klaarstonden, had ik eerder mijn vrienden in vertrouwen genomen. Het is zo fijn dat je nu aan de Roomie kunt zien dat vrienden er voor je zijn. Ook voor de minder leuke dingen. Dan kun je samen op zoek gaan naar een veilige oplossing.'
– Ervaringsdeskundige Jongeren Taskforce Kindermishandeling

die zij konden delen, zoals infographics, motion-graphics en YouTube-video's van *infuencers*.

Praten is de eerste stap

Door de campagne herkent de helft van alle Nederlandse tieners Roomie. Ook weet 7 op de 10 tieners dat praten de eerste stap is als zij zich thuis niet veilig voelen. De inzet van vloggers genereerde ruim 1,2 miljoen views en meer dan 10.000 tieners namen deel aan online-gesprekken via *Stardoll* en *Girlz!*.

Het belangrijkste: Roomie heeft effect op het gedrag van de tieners. Na de campagne chatten ruim honderd jongeren met de Kinder-telefoon voor hulp of advies. De effectieve aanpak om een lastige doelgroep te bereiken is bekroond met een Golden World Award van de International PR Association.

OVERHEIDS-COMMUNICATIE:
DE ONDERKANT MIST DE BOOT

'BELEIDSAANDACHTSGROEPEN': WETEN WE WAT WE MOETEN METEN? WIE WORDT ER WEL EN WIE NIET BEREIKT? OVER GEMAKZUCHT EN GEWOONTES BINNEN BELEID EN ONDERZOEK EN OVER BEERPUTTEN DIE WE LIEVER NIET OPENTREKKEN. MAAR OOK OVER NIEUWE VORMEN EN OPLOSSINGSRICHTINGEN.

Nederland is een prachtig goed georganiseerd land en de overheid levert hier een belangrijke bijdrage aan. Hiervoor is veel man- en vrouwkracht nodig. De overheid is een van de grootste werkgevers van Nederland en is opgedeeld in verschillende sectoren en lagen. Dit gaat nu door de decentralisaties allemaal overhoop. Gemeenten hebben meer verantwoordelijkheden en directe geldstromen gekregen en het Rijk voelt zich verantwoordelijk om dit te faciliteren en te begeleiden. Dit betekent nog veel meer werk voor de toch al steeds maar groeiende communicatiesector, zowel *in-house* bij de

overheid, als extern. Maar gebeurt dit wel efficiënt genoeg wanneer we ons focussen op de zwakste schouders van onze samenleving? Helaas, meestal niet, maar waarom niet?

Ik ben als sociaal geograaf afgestudeerd op de relatie tussen de gerichtheid op de Nederlandse samenleving (integratie) en de investeringen in het land van herkomst van migranten. Ik heb daarvoor Marokkaanse families zowel in Nederland als in Marokko onderzocht eerst op kwantitatieve en later op kwalitatieve wijze via de sneeuwbaltechniek

'WELDOORDACHTE SURVEYS WORDEN DOOR DE ONDERKANT VAN LAAGGELETTERDEN NIET BEGREPEN'

en *life histories*. Toen ik klaar was kwam ik in de wereld van 'gewoon' wetenschappelijk onderzoek terecht. Knappe koppen ontwikkelden vragenlijsten rond het millennium om bijvoorbeeld sociale cohesie in kaart te brengen van wijken. Alleen kwam ik achter het volgende door mijn onderzoek in Marokko en Nederland: hoe goed je vragenlijst ook is ontwikkeld en hoe knap je ook heb nagedacht over alle verschillende variabelen die samen een complex begrip als sociale cohesie of tegenwoordig bijvoorbeeld 'zelfredzaamheid' kunnen gaan meten, als mensen de vragen überhaupt niet of slecht begrijpen, heb je er heel weinig aan.

Sterker nog, door de wetenschappelijke benadering ga je denken dat het heel degelijk in kaart is gebracht, terwijl juist de beleidsaandachtsgroepen onderbelicht blijven. Je krijgt dan schijnzekerheid die fnuikend kan zijn voor beleid en communicatie. Er wordt over mensen gepraat en gecommuniceerd door mensen uit een totaal andere leefstijl qua sociale klasse, met alle gevolgen van dien.

Dit heb ik geprobeerd op te lossen door onze onderzoeksmethoden aan te passen. Er is vanwege kostenefficiëntie nog steeds de tendens om alles zo veel mogelijk via internet te doen. Eigenlijk kun je stellen dat er – in onderzoek en in de communicatie eromheen – al jaren alles aan wordt gedaan om zo min mogelijk echt in contact te komen met mensen. Met de opkomst van internet kun je werken met goedkope *online-surveys* en -panels. Het feit dat het grote EenVandaag-panel met meer dan 10.000 panelleden niets kan zeggen over de potentiële aanhang van de nieuwe beweging DENK, spreekt boekdelen. Er is geen enkel onderzoeksbureau in Nederland dat representatief uitspraken kan doen over niet-westerse allochtonen in Nederland op basis van onlineonderzoek. Geen enkel panel heeft voldoende respons onder deze beleidsaandachtsgroepen. Maar het probleem van niet weten wat we meten is veel groter dan het niet bereiken van niet-westerse migranten. Laaggeletterdheid is een groot Nederlands communicatieprobleem en zeker niet beperkt tot mensen van buitenlandse komaf en eerste generatie voormalig gastarbeiders. 1,3 Miljoen Nederlanders tussen de 16 en 65 jaar hebben grote moeite met lezen en schrijven. Tweederde hiervan is van autochtone komaf en een derde is van buitenlandse komaf. Met andere woorden: goede communicatie begint bij eerst goed weten wat er leeft. Twijfel je bij wat je leest uit onderzoeken en beleidsstukken? Dikke kans dat juist de groepen waar het het meest om gaat, niet goed betrokken zijn.

Drie oplossingsrichtingen

- Maak bij *kwantitatief* onderzoek veel meer de combinatie met *kwalitatief* onderzoek. Zorg ervoor dat je zelf ook mee de modder in gaat, het veld in gaat, echt feeling met mensen krijgt en eerlijk bent.
- Wees als de maatschappij zelf. De mensen die communicatie doen en beleid maken, moeten een afspiegeling zijn van Nederland. Dit geldt voor etniciteiten en sociale klassen. Stop met de yuppificering van de maatschappij en het schrijven van *OSM*, 'ons soort mensen'.
- Bereik mensen door ze juist ook belanghebbend te maken. Problemen betekenen geld voor probleemoplossers, maar waarom mogen de mensen die problemen hebben, zelf niet meehelpen en meeprofiteren van de oplossing?

'HET PROBLEEM
IS VEEL GROTER DAN
ALLEEN DE BEHEERSING
VAN DE NEDERLANDSE TAAL
DOOR ANDERSTALIGEN'

Nathan Rozema
www.labyrinthonderzoek.nl

GRIJS, GROEN & GELUKKIG:
HOE IVN DE OUDERENZORG EEN GROENE IMPULS GEEFT

WAT HEEFT EEN NATUURORGANISATIE ALS IVN (INSTITUUT VOOR NATUUREDUCATIE EN DUURZAAMHEID) GEMEEN MET EEN ZORGINSTELLING ALS PENNEMES? NOU, EIGENLIJK HEEL VEEL. GECOMBINEERD VORMEN ZE EEN KRACHTIG MIDDEL OM HET WELZIJN VAN ONZE OUDEREN TE VERGROTEN.

Het is geen voor de hand liggende combinatie, natuur en ouderenzorg. Maar juist in dit soort ongewone combinaties liggen krachtige en inspirerende oplossingen voor maatschappelijke problemen.

De zorg voor onze ouderen bezorgt iedereen kopzorgen. IVN bundelt de krachten met Actiz, Waardigheid en Trots, Innovatie Agro & Natuur en Pennemes om met behulp van de Nationale Postcode Loterij tienduizend ouderen een gelukkige oude dag te bezorgen. Dat doen we door hen de positieve effecten van de natuur te laten ervaren, samen met zorginstellingen. Hoe overtuig je directies van zorginstellingen van het nut van natuurbeleving voor het welzijn van hun bewoners? Hoe zorg je dat onze 'groene revolutie in de ouderenzorg' op het netvlies komt van zorgprofessionals, in een voor IVN totaal onbekende markt? Door samen te werken, communicatiekrachten te bundelen en content op een aantrekkelijke manier aan te bieden.

Groene revolutie

Groen is gezond! Het is goed voor de ontwikkeling, verhoogt geluk en vermindert stress. Steeds meer onderzoeken onderstrepen deze positieve effecten van natuur op de gezondheid. Helaas is de afstand tussen mens en natuur nog nooit zo groot geweest als nu. IVN wil deze afstand verkleinen door jong en oud vaker in contact te brengen met de natuur. Grijs, Groen & Gelukkig wil een revolutie ontketenen binnen de ouderenzorg en de natuur als zorginterventie stimuleren. De komende drie jaar vergroent IVN 100 zorgcentra, waardoor 10.000 ouderen in contact komen met de natuur. IVN heeft de ambitie om hét kennisinstituut te worden op het gebied van natuurbeleving in de gezondheidszorg.

Storytelling in de zorg

Natuur en zorg is geen voor de hand liggende combinatie. Hoe ziet dit eruit in de praktijk? Hoe levert natuur een significante bijdrage aan het welzijn van ouderen? Hoe neem je de beslissers in de zorg, de professionals, mee in je verhaal? Bij Grijs, Groen & Gelukkig is de communicatiestrategie gebaseerd op *storytelling*. IVN gaat niet aan zorgprofessionals, die IVN misschien nog niet eens kennen, vertellen hoe belangrijk natuur is en welke positieve effecten het heeft op welzijn van ouderen. Wij hebben er bewust voor gekozen om ons verhaal door zorgprofessionals zelf te laten vertellen. Op een voor de zorg onconventionele manier; namelijk door filmpjes met testimonials van zorgprofessionals van Pennemes. Zorgprofessionals vertellen in onlinefilmpjes aan collega's over IVN en Grijs, Groen & Gelukkig. Filmpjes die we verspreiden via online-community NED7 (zorgportal van Actiz) en social media van onze partners. Gecombineerd met een live pr-event bij Pennemes als kick-off van het werven van 25 innovators in de zorg (ambassadeurs). Storytelling geldt als basis voor alle middelen, traditionele en online media gebundeld, met een live-event als kick-off. Dit is de essentie van onze strategie en aanpak. Resultaat: juiste boodschap, juiste kanalen, juiste afzender en midden in de doelgroep.

Als een online lopend vuurtje

Doelstelling voor 2016 is het werven van 25 groene ambassadeurs van Grijs, Groen & Gelukkig die als voorbeeld dienen voor de 100 zorginstellingen. Ons verhaal en de testimonials verspreiden zich online als een lopend vuurtje. Het live-event in januari bij Pennemes werd goed bezocht door zowel professionals, pers en andere stakeholders. Vroege Vogels van de VARA maakte een item en journalisten van huis-aan-huis-bladen een reportage over natuur in de zorg. In nog geen twee maanden hadden we al

120 zorginstellingen die mee willen doen, dat is 30% van de 400 leden van Actiz. Onze doelstelling hebben we meer dan gehaald, uiteindelijk zijn de eerste 25 zorginstellingen van de 100 benoemd waarmee een samenwerkingsverband wordt gesloten. Zij vormen de komende jaren het voorbeeld voor ons uiteindelijke doel: 100 zorginstellingen vergroenen en 10.000 ouderen in contract brengen met de natuur.

Prijswaardige aanpak

De campagne van Grijs, Groen & Gelukkig is een *best practise* in publieke communicatie, omdat met minimale middelen een groot effect is gesorteerd. De zorgmarkt is een markt in transitie en voor IVN een totaal nieuwe markt en doelgroep. Met online- en traditionele media zijn we erin geslaagd om een maximaal bereik binnen en buiten onze doelgroep te behalen. De inzet van een onlinecampagne in combinatie met een live-event laat zien dat online en offline elkaar versterken en aanvullen. Met onze aanpak zijn we genomineerd voor de Welcom Amsterdam Communicatie Award 2016. IVN heeft Grijs, Groen & Gelukkig daarna ook ingezonden voor de Galjaardprijs 2016.

IVN Grijs, Groen & Gelukkig

Natuurkoffer

ivn *beleef de natuur!*

BEN JIJ GESCHIKT
ALS AMBTENAAR?

GRAPPIG GENOEG HOOR IK NOOIT MEER DE AMBTENARENMOPPEN DIE IK ALS KIND HOORDE. MAAR WAT IK WEL HOOR, IS DE WENS OM IN VERBINDING TE STAAN MET DE OVERHEID EN DE KLACHT DAT 'DE GEMIDDELDE AMBTENAAR' NIET BEREIKBAAR IS EN VOORAL GEEN INLEVINGSVERMOGEN HEEFT. ALS RASECHTE AMBTENAAR MOET IK BEKENNEN DAT IK ME DAN BEST WAT ONGEMAKKELIJK VOEL. KLOPT HET DAT WE ONS VAAK VERSCHUILEN ACHTER REGELS EN PROCESSEN? JA, DAT KLOPT. EN IK VRAAG ME STEEDS VAKER HARDOP AF: 'WAAROM TOCH'?

Als adviseur overheidsparticipatie bij een vooruitstrevende gemeente, heb ik de kans om mijn collega's, maar ook het bestuur, te motiveren om te denken als een burger. Vanuit mijn eigen bureau doe ik dat ook op aanvraag elders in het land. Het begint heel eenvoudig bij het creëren van bewustzijn. We moeten wakker worden!

Jij bent de keukenboer

Een gedreven ambtenaar, hij kan overal werken, is dolenthousiast wanneer hij naar buiten kan om samen met mensen dingen op te pakken. In zijn enthousiasme doet hij beloftes, onder andere over 'terugbellen.' Eenmaal terug op kantoor ligt de altijd zo bekende stapel werk te wachten, zijn er de procedures, spoedklussen en onverwachte vragen vanuit het bestuur en je raadt het al: 'terugbellen' verdwijnt in het vergeethoekje van zijn overbelaste geheugen. Met als gevolg een zwaar geïrriteerde inwoner die na weken zelf belt en hoort dat mijn collega van zijn vakantie geniet.

Na terugkomst drink ik een kop koffie met hem. En begin een uitgebreid verhaal over een keukenboer die allerlei beloftes deed en vooral dat hij mij voor zijn vakantie zou terugbellen. 'Nou, dat deed hij dus niet. Bel ik hem. Krijg ik te horen dat hij op vakantie is.' Mijn collega reageert fel: 'Dat kan toch niet!' 'Ach, misschien was hij druk', help ik de verzonnen keukenboer een handje, 'en waren er zo veel andere bestellingen naast die van mij.'

'Dan nog!'

'Jij bent de keukenboer en ik ben die en die inwoner.'

Stilte.

Een spiegel

Durven we elkaar een spiegel voor te houden? Durven we ons af te vragen voor wie we dag in dag uit ons werk eigenlijk doen? Voor het management, het college, de raad, de staten, het ministerie? Of doen we ons werk voor de inwoners? Als je dat laatste voelt en wilt, dan betekent het ook een andere manier van denken. Het betekent dat, zodra je je overheidsfunctie weer als een mantel om je schouders slaat, je niet vergeet dat daaronder de kracht zit van waaruit je echt betekenisvol kunt zijn. Vanuit wie je bent, je ervaringen, je competenties. Ben jij geen gestructureerd persoon (volgens de kleurenparadigma's vaak als blauw aangeduid) maar wel een mensenmens? Dan beloof je natuurlijk dat je meedenkt en terugbelt, maar je schrijft dat ook meteen even in een agenda, een spiekboekje, of wat dan ook. Zodat je het niet vergeet. Han-

del en denk vanuit je kracht. Ben je een verbinder? Verbind! Komt er een inwoner met een initiatief waaraan de gemeente om welke reden dan ook geen medewerking kan verlenen? Laat het niet bij een 'nee', maar probeer creatief mee te denken. Of, wanneer je niet zo creatief bent, breng de inwoner dan in contact met iemand die die creativiteit wel bezit. Ken jezelf.

Ik ben een klootzak

Na een kritische mailwisseling met een inwoner, waarin deze ook mij ervan betichtte dat ik 'de vierde macht' was en een 'marionet van het bestuur', bedacht ik me dat ik juist met deze kritische inwoner een kop koffie wilde drinken. (Ik drink de laatste tijd veel koffie, gek genoeg doet me dat weer denken aan de traditionele ambtenarenmoppen.) Ik vond hem niet vervelend zoals veel van mijn collega's, maar inspirerend. Omdat ik zag waar zijn frustratie vandaan kwam. Ik deed hem een voorstel. Wilde hij mij helpen om mijn collega's een spiegel voor te houden? Zijn 'ja' klonk me als muziek in de oren en met ambtenaren en bestuurders ging ik bij hem op bezoek. Een zeer kritische inwoner, die al jarenlang in allerlei procedures verwikkeld was met de gemeente. Ik moest hem introduceren als klootzak, deed dat met enige schroom maar ook met lol en toen hij zijn verhaal deed zag ik, en met mij gelukkig ook veel van de aanwezige collega's, een verbittering vanuit gedrevenheid. Hier zat een man die voor de moeilijkste doelgroepen de onmogelijkste zaken voor elkaar bokste. En die man komt bij een overheid die aangeeft 'dat kan niet' en 'dit mag niet'. Een overheid die altijd moet nadenken over richtlijnen, aansprakelijkheid en procedures.

Pleit ik dan voor het afschaffen van regels en wetten? Nee. Ze zijn ook functioneel en beschermend. Ik pleit wel voor nieuwe competenties van mensen die bij de overheid werken. Competenties die niet altijd aan te leren zijn, maar die misschien wel aangeboren moeten zijn. Competenties die maken dat je mee kunt voelen en de kwetsbaarheid van de overheid durft bloot te leggen.

Geschikt/ongeschikt

Schakel de tv op een vrijdagavond in de wintermaanden in en de kans is groot dat je een show voorbij ziet komen waarin mensen die denken dat ze kunnen zingen genadeloos uit die droom worden geholpen.

'Je zingt gewoon vals. Was er niemand die je hiervoor kon behoeden?' 'Nee, mijn moeder vindt dat ik erg mooi zing…'

In een tijd waarin de overheid als netwerkpartner middenin de gemeenschap wil en naar mijn mening ook moet staan, is het nodig daarvoor ambtenaren in te zetten die netwerkvaardig zijn, empathie hebben, kunnen luisteren en aan verwachtingsmanagement kunnen doen. Het wordt tijd voor een X-factor voor ambtenaren. Een 'Overheid Got Talent'. We zien steeds meer 'verandermanagers' binnen onze geledingen, maar volgens mij moeten we toe naar coaches. De afdeling HRM wordt cruciaal om samen met managers en teamleiders te jureren over de kwaliteit van de optredens. Waarbij ook de jury natuurlijk een goede screening moet doorstaan. Mooie uitdagingen!

'HET IS NU TIJD VOOR EEN X-FACTOR VOOR AMBTENAREN'

Contact met Miranda?
info@communicatiefilosoof.nl
Of via LinkedIn: http://nl.linkedin.com/in/mirandamulder

WISSELWERKING
TUSSEN LAND EN ZEE EN IPAD-MOVIES

DE INGREDIËNTEN VAN DIT VERHAAL ZIJN 'NIET MISSELIJK': KLEINE SPEELFILMS OP EEN IPAD, EEN INTERNATIONALE CONFERENTIE, COMMUNITY-BUILDING EN HET AGENDEREN VAN EEN NIEUW BELEIDSVRAAGSTUK. SOMMIGEN DOEN HET VOOR MINDER.

Het begint met onze vooruitgeschoven post in Brussel, Lodewijk Abspoel. Met een diepe zucht hoorde hij zijn Europese collega's filosoferen over mogelijke steun voor havensteden en kustplaatsjes in Europa. 'We denken te smal', riep hij, 'het gaat niet alleen om kustplaatsen en havens. En om nieuwe regels. We moeten breder denken. De scheepsbouwer in het achterland is ook belangrijk voor de Noordzee, net als universiteiten ver in het land die zeerecht doceren.' Lichte verbazing bij de toehoorders, maar vooruit, het was een mooi verhaal. Werk het maar uit, dan komt er misschien wel een potje (met geld).

'Besturen met beelden'

Op dit punt kwam het Ministerie van Verhalen in het spel. Eelco Koolhaas, de oprichter daarvan, had net zijn boek 'Besturen met beelden' uitgebracht. 'Goed verhaal Lodewijk', zei hij, 'laten we er een speciaal filmproject van maken.' Lodewijk stelt meestal weinig vragen. 'Doen we', zei hij, 'zeer binnenkort is er een prestigieuze internationale conferentie. Dan vertonen we daar onze speelfilms over 'de wisselwerking tussen land en zee'.

Want dat was ons – ambitieuze – plan. We ploegden in zeer korte tijd het hele land

STORIES & (IPAD) MOVIES ABOUT THE INTERACTION BETWEEN LAND AND SEA

'We' have a new EU Directive
on Maritime Spatial Planning
Which asks us to take into ac-
count
The interaction between land

and sea and vice versa

How far does that stretch?
Is that only the coastline?
Or may it be a bit more?

Can we picture this?
Which stories are there to tell?

In this exposition & with these
movies we give it a 1st try

**Watch Lodewijk Abspoel
(Dutch Ministry of Infra-
structure & Environment)**

door, van Groningen tot Den Haag en Middelburg. We benaderden vooral ambtenaren en consultants en vroegen: 'Wilt u meedoen met ons initiatief en daar ook meteen een kort filmpje van maken? Een filmpje overigens waarin u zelf speelt, waarvoor u zelf het script schrijft en dat u ook even zelf opneemt. Maar wees niet bang, wij verzorgen de montage en hebben ook prima regisseurs in ons team die u desgewenst adviseren.'

Land en zee zijn verbonden

Het werven van de deelnemers was (natuurlijk) niet eenvoudig. Iedereen was druk en zelf een speelfilmpje maken is wel wat uit de comfortzone. We gaven op diverse plaatsen een korte presentatie en beloofden steun in de vorm van twee echte filmregisseurs van ons team. Tot onze blijdschap en ook lichte verbazing ('je hoopt het wel, maar toch') kwamen er in een periode van drie maanden tal van filmpjes binnen, die we later hebben voorzien van Engelse ondertiteling.

Op het (digitale) Noordzeeloket van het Ministerie van I&M zijn ze allemaal te bewonderen; er staan er zestien op. De wisselwerking tussen land en zee bleek onder andere te gaan over het vestigen van een zeeboerderij (zeewierkweek), een kleine haven midden in het land met een spilfunctie voor twee zeehavens, het vangen van duurzame vis, het aanleggen van een weg zodat de gasten van een cruiseschip op pad kunnen, een goed huwelijk tussen economie en economie voor bedrijven aan de kust tot aan het op natuurlijke wijze aanleggen van dammen.

Een nieuwe community?

We waren zoals al gemeld wel een tikkeltje (te) ambitieus. We droomden dat we via het (laten) maken van wat we noemden 'iPad-movies' niet alleen een heel nieuw beleidsthema konden lanceren, maar ook een nieuwe community konden opbouwen van tussen land en zee verbonden spelers. Zover is het toch echt niet gekomen. In de recente Beleidsnota voor de Noordzee staat een keurige pagina over de land en zee-interactie, dat wel. Maar een netwerk van partijen die dit thema tot leven wekt, is er (nog?) niet.

De internationale conferentie (een grote bijeenkomst van de North Sea Commission van 16-18 juni 2015 in Assen) was plezierig. We hebben daar een filmzaal ingericht en vele bezoekers hebben de iPad-films bekeken. Bezoekers waren verrast en in een korte workshop hebben we een presentatie verzorgd over 'community-building and movies'. De expositie zoals vertoond op de conferentie heeft, samen met de films, ook nog enkele weken in de wandelgangen van het ministerie gestaan.

Uitbouw van de methodiek

Wij zijn zelf ruim verder gegaan op het ingeslagen pad. Bij diverse latere trajecten lieten we deelnemers iPad-movies maken. Wie zoals wij wil werken aan (inhoudelijke) community-building heeft een arsenaal aan methoden nodig, zoals de in dit project gebruikte zelfgemaakte films. Recent experimenteren we ook met het samen en onder tijdsdruk schrijven van boekjes op bijvoorbeeld een congresdag.

Eelco Koolhaas is gespreksleider en community-bouwer bij Ministerie van Verhalen. Lodewijk Abspoel is senior-adviseur geïntegreerd maritiem beleid bij Ministerie van I&M.

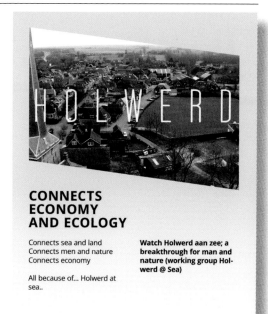

CONNECTS ECONOMY AND ECOLOGY

Connects sea and land
Connects men and nature
Connects economy

All because of... Holwerd at sea..

Watch Holwerd aan zee; a breakthrough for man and nature (working group Holwerd @ Sea)

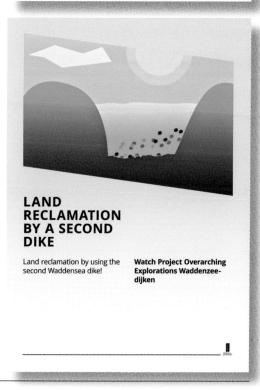

LAND RECLAMATION BY A SECOND DIKE

Land reclamation by using the second Waddensea dike!

Watch Project Overarching Explorations Waddenzeedijken

Alle films en meer uitleg zijn te vinden op:
https://www.noordzeeloket.nl/en/projects/north-sea-2050-spatial-agenda/wisselwerking-tussen-land-en-zee/

DIT IS GEEN COMMUNICATIE- VERHAAL

EEN OUD-COLLEGA HAD ZICH AANGEMELD OM ALS VRIJWILLIGER AAN DE SLAG TE GAAN IN DE VERENIGDE STATEN VOOR DE DEMOCRATEN. ZIJ HAD ENKELE MAANDEN IN NORTH WEST PHILADELPHIA GEWERKT ALS FIELD MANAGER (GEEN IDEE WAT JE DAN PRECIES DOET) VOOR DE CAMPAGNE VAN OBAMA. BIJ TERUGKOMST SPRAKEN WE AF BIJ EEN KLEIN RESTAURANTJE WAAR LAILA VOL VUUR VERTELDE OVER JONGE, ENTHOUSIASTE CAMPAIGNERS DIE MAAR ÉÉN DOEL HADDEN: ZORGEN DAT OBAMA IN HET WITTE HUIS KON BLIJVEN.

Het was een mooie avond waarin ze vertelde hoe ze langs de deuren ging in wijken die wij als Nederlanders alleen maar van tv kennen. Over de lol van een campagne. En dat Obama dan soms inbelde tijdens een *call* met een grote groep vrijwilligers om te bedanken.

Een eyeopener
Op een gegeven moment vroeg ze: 'Wie denk jij dat ze in Amerika als eerste zoeken als ze een campagneteam opzetten?' Na drie foute antwoorden ('De strateeg?', 'De *fund raiser*?', 'De *spindoctor*?') zei ze: 'The tech guy'. 'Ze zoeken als eerste iemand die verstand heeft van computers, die social media begrijpt en in *no time* de mensen binnen de campagne én met de campagne kan verbinden.' Een 'computernerd' (in de goede zin van het woord) als basis van de moderne politieke communicatie. Ik vond het een *eye opener*.

Bartho Boer. (Foto: Cor Mooij)

Communicatie gaat allang niet meer over 'communicatie'. Dat maakt het vak boeiend en ingewikkeld tegelijkertijd. De afgelopen jaren is ons vak enorm geprofessionaliseerd en heeft toegang gekregen tot de hoogste regionen van de publieke sector. Elke minister wil een goede voorlichter, elke projectleider vraagt om een strategisch communicatieplan en de afdeling communicatie valt steeds vaker onder de algemeen directeur van een dienst of ZBO.

De inzendingen voor de Galjaardprijs 2016 bewijzen de succesvolle bijdrage die communicatie levert in het publieke domein. Professionele communicatie is essentieel om maatschappelijke problemen sneller, makkelijker, tegen lagere kosten of met meer plezier op te lossen. En als de communicatie helemaal op orde is, kun je problemen zelfs *voorkomen*. Het klinkt pretentieus, maar goede communicatie maakt organisaties effectiever en de samenleving sterker. In het publieke domein is deze notie gemeengoed geworden (al wordt die zelden expliciet gemaakt).

De upgrade van het communicatievak heeft gek genoeg ook een keerzijde

Communicatieadviseurs werden allemaal strateeg, het maken van het personeelsblad werd geoutsourcet en creatieve en conceptuele kracht werd onverbiddelijk weggezet als 'middelen-denken'. En daar word je liever niet van beschuldigd.

Ooit zat ik aan tafel op de kamer bij Eric Wiebes toen er een belangrijke beslissing genomen moest worden over de Noord-Zuidlijn. En zaten nog zes mensen aan tafel, waaronder de voorlichter, de bestuursadviseur, een communicatieadviseur van het project en de projectdirecteur. Na een lange bespreking hakte Wiebes de knoop door en vroeg om het besluit in een brief aan de gemeenteraad mee te delen. Toen begon het. De voorlichter schrijft alleen het persbericht; geen brief aan de raad. De bestuursadviseur bewaakt alleen het proces en de directeur en de communicatieadviseur gaven eveneens aan dat dit niet in hun takenpakket zat. Het werd stil aan tafel, totdat een aanwezige stagiaire zich aanbood. De wethouder liet het bewust gebeuren, en vervolgens hebben we later met elkaar uren moeten werken om het concept van de stagiaire op het gewenste niveau te krijgen (PS: ik had als Hoofd Bestuursvoorlichting ook mijn vinger op kunnen steken).

Ondertussen draait de wereld door

Technologische, maatschappelijke en economische ontwikkelingen hebben de context van de organisaties waar wij voor werken radicaal veranderd. En dus doet de computernerd de politieke communicatie, hebben we creatieve ideeën weggezet als middelen-denken en wordt een belangrijke brief aan de gemeenteraad geschreven door een stagiaire.

Natuurlijk moet je nee kunnen zeggen, maar soms zijn communicatieprofessionals te afwachtend. Dat wordt mede veroorzaakt door het gegeven dat ons vakgebied niet makkelijk gedefinieerd kan worden. Mijn pleidooi: draai dat eens om. Steek als eerste je vinger op en smeed daarna de coalitie die nodig is om het probleem op te lossen. Zo kom je vaker *in the lead*.

Dat is makkelijker voor communicatieprofessionals, juist omdat ons vakgebied aanschurkt tegen disciplines als HR, veranderkunde, psychologie of gedragswetenschap. Als je vervolgens verbindt en communicatie toevoegt aan de oplossing, wordt het gezamenlijke resultaat beter.

Ik pleit voor een renaissance van het vak. Daarvoor zijn vijf dingen nodig:

1. herwaardering van de content-makers en creatievelingen,
2. inhoudelijke kennis van de organisatie,
3. radicaal kiezen voor innovatie,
4. een kanteling in de opstelling van communicatieprofessional die opdrachten eerst aanneemt en daarna de benodigde coalities smeedt en
5. zelf-relativerend leiderschap.

Daarmee wordt de toegevoegde waarde van communicatie voor organisaties groter en het vak nog leuker.

'STEEK EENS ALS EERSTE JE VINGER OP EN SMEED DAARNA DE COALITIE DIE NODIG IS OM HET PROBLEEM OP TE LOSSEN'

Bartho Boer is hoofd communicatie bij de NS, voorzitter van de Adviesraad Positionering Vak en Beroepsgroep van Logeion en vaste columnist voor *Communicatie Magazine*.
Twitter @BarthoBoer

AFVAL SCHEIDEN IS MAKKELIJK:
EEN KWESTIE VAN DOEN!

EÉN VAN DE GROOTSTE UITDAGINGEN VOOR DE TOEKOMST IS HOE WIJ DUURZAMER KUNNEN LEVEN. EEN TERREIN WAAR GROTE KANSEN LIGGEN, IS AFVALVERWERKING. HVC ONTWIKKELDE EEN INNOVATIEVE AANPAK OM INWONERS TE VERLEIDEN HUN AFVAL GOED TE SCHEIDEN. DEZE GALJAARDINZENDING KAN EEN SHOWCASE VOOR DE BRANCHE ZIJN EN OOK ANDERE BRANCHES INSPIREREN.

De communicatiestrategie van HVC geeft antwoord op de vraag die bij veel gemeenten in Nederland leeft: hoe zet ik inwoners aan tot het scheiden van afval? Het bespaart grondstoffen, vermindert CO_2-uitstoot en bovendien heeft het Rijk doelstellingen voor afval geformuleerd: 75% materiaalhergebruik in 2020.

Er is veel onderzoek gedaan naar bewuste en onbewuste gedragsbeïnvloeding. Maar een model dat die inzichten bundelt tot concrete adviezen voor afvalscheiding was nog niet voorhanden. Op basis van actueel wetenschappelijk onderzoek over beïnvloedingsmechanismen en belevingswerelden, eigen onderzoek en onze eigen expertise en ervaringen, hebben we het HVC-grid ontwikkeld. Met dit nieuwe model willen we op innovatieve wijze bijdragen aan het behoud van grondstoffen en waardevolle materialen uit afval.

Model voor gerichte communicatie over afval scheiden

Het HVC-grid vormt de basis voor een crossmediaal communicatiepakket. Het pakket biedt keuze aan interventies op het gebied van communicatie en communicatie-middelen. HVC heeft de aanpak inmiddels in de praktijk beproefd en aangescherpt waar nodig. Zo is een gerichte inzet van communicatie op afval en gedragsbeïnvloe-ding op afval scheiden ontstaan.

Praktisch pakket, in gesprek met inwoners

Het communicatiepakket bestaat uit vijf thema-blokken. De combinatie van deze thema's zorgt ervoor dat de boodschap

de inwoner op verschillende manieren en momenten bereikt en zowel via online- en offlinekanalen. Met vooral persoonlijke communicatie.

Tijdens acties en campagneperiodes gaat HVC met een team experts de wijken in, om deur-aan-deur met inwoners in gesprek te gaan. Deze actie is vormgegeven op basis van de meest krachtige beïnvloedingsele-menten uit de sociale psychologie: 'commit-ment' en het 'formuleren van een imple-mentatie-intentie'. In het gesprek laten we inwoners nadenken over toekomstig gedrag rondom het scheiden van afval. Inwoners ondertekenen een kaart waarmee ze beloven

ONS GFT HEEFT WAARDE. HOUDT U HET OOK APART?

indegoeiebak.nl

Afval scheiden. Samen halen we eruit wat erin zit. HVC

dit gedrag daadwerkelijk uit te voeren. Deze aanpak is nu in tien gemeenten toegepast. In de komende jaren volgen nog zo'n 15 gemeenten.

Het communicatiepakket kan worden gebruikt ter ondersteuning van de invoering van een maatregel, bijvoorbeeld een extra container aan huis voor papier. Of voor communicatie over een beleidswijziging, zoals het toevoegen van lege pakken en blik bij het plastic verpakkingsafval.

Resultaat meer grondstoffen, minder restafval

Alle communicatie die we inzetten, is altijd gericht op hetzelfde doel: behoud van grondstoffen en verminderen van restafval. Daar hebben we de inwoners van onze aandeelhoudende gemeenten hard voor nodig. Aan hen vragen we hun afval zo goed mogelijk te scheiden. Sorteeranalyses laten zien dat de inwoners van gemeenten waar het pakket is ingezet, daadwerkelijk beter afval scheiden. Afval scheiden. Samen halen we eruit wat erin zit!

Het pakket in de praktijk

De gemeente Bergen wilde dat hun inwoners hun gft beter gingen scheiden. Na een zesweekse communicatiecampagne bleken de inwoners 3% meer gft te scheiden en hielden ze 10% minder restafval over.

In de gemeente Purmerend ging het om gft, papier en plastic. De communicatie werd ingezet bij het uitzetten van gft-containers en bij uitbreiding van de mogelijkheid om plastic, pak en blik te scheiden. Het restafval is inmiddels met 30% gedaald en de ingezamelde grondstoffen gft, plastic, blik en pak zijn spectaculair gestegen.

De gemeente Zwijndrecht besloot tot de invoering van een container aan huis voor plastic, pak en blik. Met de strategie en middelen uit het HVC-communicatiepakket werd er in het eerste kwartaal na invoering van de container 224% meer ingezameld, afgezet tegen het eerste kwartaal van het jaar ervoor. Het restafval daalde met 7,7% in vergelijking met hetzelfde kwartaal het voorgaande jaar.

Tandpastatubes, colablikjes en vlapakken horen ook bij het plasticafval.

Van uw plastic, blik en pak worden o.a. fleecetruien, speeltoestellen en pannen gemaakt.

PLASTIC, BLIK & PAK

indegoeiebak.nl

HVC

Campagnes

De communicatiestrategie zoals geformuleerd op basis van het grid, wordt ook toegepast op campagnes. In 2016 gebruikten we deze aanpak voor een campagne binnen 25 gemeenten over een beleidswijziging: ook lege pakken en blik mogen bij het plastic. Om invulling te geven aan het onderdeel 'persoonlijk contact', gingen promotiemedewerkers in zes weken ruim zestig supermarkten langs om inwoners te informeren over deze wijziging. Tegelijkertijd werd het onderwerp breed gecommuniceerd via de andere pijlers van het pakket. Ook voor de campagne 100-100-100 zetten we ons communicatie-grid in: we zochten in 29 gemeenten minimaal 100 deelnemers per gemeente om 100 dagen lang 100% afval te scheiden. Op 1 april 2016 zijn we de 100 dagen gestart, met 3500 deelnemers.

Auteurs Sandra Bruin en Annemiek Meijer zijn beiden werkzaam bij HVC.

TOEGANKELIJKE BURGEMEESTER
TUSSEN MENSEN

'KEN JE IEMAND UIT LOSSER DIE VOOR HET EINDEXAMEN IS GESLAAGD? STUUR MIJ HET 06-NUMMER EN IK FELICITEER DIEGENE VIA WHATSAPP.' DEZE TWEET VERSTUURDE IK OP DONDERDAGOCHTEND 16 JUNI 2016. OP EEN DAG WAAR IN MENIG HUISKAMER IN DE GEMEENTE LOSSER DE SPANNINGEN OPLIEPEN. EEN AANTAL DAGEN LATER HAD IK MET MEER DAN 120 JONGEREN VIA WHATSAPP CONTACT GEHAD. VELEN VAN HEN REAGEERDEN OP MIJN FELICITATIE. EN OP MIJN VRAAG WAT ZE HIERNA GINGEN DOEN. VOOR HEN BIJZONDER, VOOR MIJ OOK. HET GAF MIJ INZICHT IN DE TOEKOMSTPLANNEN EN AMBITIES VAN HET GROOTSTE KAPITAAL UIT MIJN GEMEENTE, ONZE JEUGD.

Toen in september 2011 als burgemeester van Losser (22.500 inwoners, gelegen in het natuurrijke Noordoost-Twente) begon, was ik voor iedereen daar een volstrekte onbekende. De campagneleider van Jan Peter Balkenende, woonachtig in Rotterdam, wat zou die nou in Losser moeten?

Losser was net een ambtelijke samenwerking gestart met de gemeente Enschede. 'U zorgt er zeker voor dat we snel worden overgenomen door Enschede', was een veelgehoorde mening. Buiten Losser sprak men mij aan op het imago van de gemeente als een van altijd maar bestuurlijk gedoe (waar begin je aan?). Mijn eerste indrukken waren totaal anders: een vriendelijke, actieve gemeenschap, prachtige natuur, een politiek zelfbewuste en rustige gemeenteraad en een ambitieus college.

Actief communiceren

Wat in mijn visie nodig was, was een gemeentebestuur dat de luiken openzette, actief communiceerde, zorgde voor verbinding en zichtbaar was op straat, in de media en online. De eerste stap hiertoe zette ik in mijn eerste speech als burgemeester: door te verkondigen dat mijn mobiele nummer overal bekend gemaakt zou worden. Onder meer in mijn Twitter-bio, op de website en in de gemeentegids. En dat ik voor iedereen makkelijk bereikbaar was. Ongekend voor een burgemeester en menig collega fronste dan ook zijn wenkbrauwen. Maar wat een

gouden zet was dit! Inwoners kunnen hier goed mee omgaan en voor media ben ik makkelijk bereikbaar.

Social media

Ik wilde social media strategisch en intensief inzetten. Met Twitter richt ik me op media, mijn regionale netwerk, bestuurders in het land, maatschappelijke organisaties en internationale contacten (vooral in Duitsland). Mijn Facebook is primair bedoeld voor inwoners van de gemeente Losser. Later volgden nog Instagram (voor fotografen en jonge inwoners) en LinkedIn (zakelijk).

Netwerksamenleving

Een overheid heeft drie manieren om te (be)sturen: door communicatie, geld en via regels (ofwel: preek, wortel en stok). Lange tijd waren vooral regels en geld het meest effectief. Nu sociale media veel invloed hebben en de samenleving volop meedoet, moeten gemeenten leren sturen in een netwerk. Dat is lastig, want sturen in een netwerk is eigenlijk een contradictio in terminis. In een netwerk bestaan immers geen hiërarchische relaties; de actoren zijn gelijkwaardig en kunnen niet hun wil aan anderen opleggen. Het betekent zoeken naar partners, naar een gemeenschappelijk belang en vervolgens samenwerken. De mogelijkheden voor een overheid om te sturen met geld zijn, door het gebrek daaraan, drastisch ingeperkt. Regels werken nog maar ten dele en moeten uiterst terughoudend worden ingezet. Dan drijft communicatie als belangrijkste instrument naar boven, in de vorm van dialoog, met gelijkwaardigheid als uitgangspunt.

Fietstochten met toeristen

In de nieuwe collegeperiode vanaf 2014 kreeg ik de portefeuille Toerisme. En hoe werk je je het beste in? Door met toeristen te gaan fietsen. Ik heb al een aantal fietstochten in mijn gemeente uitgezet en dan ga ik als gids mee. De harde opbrengsten hiervan zijn landelijke media-aandacht voor Losser als de Schatkamer van Twente, enthousiaste toeristen en lokale bedrijven, een doorlopend marktonderzoek naar de mening en behoeften van toeristen en – *last but not least* – een forse impuls voor het toerisme.

Onhandige zorgverzekeraar

'Bizar' was mijn reactie toen een inwoner uit mijn gemeente mij belde vanwege een rekening die hij had gekregen van een zorgverzekeraar voor een ambulancerit. Deze rit was noodzakelijk omdat hij rook had binnen gekregen toen hij ouderen uit een brandend pand haalde. Bizar vond ook de Telegraaf dit, toen ik hen inschakelde. De zorgverzekeraar moest, na enkele uren middelpunt op social media geweest te zijn, toegeven dat dit toch echt niet kon.

Maut in buurland Duitsland

'Af te halen in het gemeentehuis Losser: autostickers tegen de Duitse tolplannen. Gemaakt i.s.m. met Duitse buurgemeenten.'

Deze tweet leidde in augustus 2014 tot grote media-aandacht. Zelfs de website van de Duitse krant *Die Zeit* besteedde er aandacht aan. Dat de tolplannen nu in de ijskast staan, heeft veel te maken met het verzet waarin een eenvoudige burgemeester van een Nederlandse grensplaats een actieve rol heeft gespeeld.

Tot slot

Over het samengaan met Enschede hoor ik niemand in Losser meer, in het land word ik vooral aangesproken over de bijzondere gemeente die Losser is, zelfs door mensen die er nog nooit zijn geweest. Een mooi resultaat van vijf jaar communicatief burgemeesterschap!

Volg Michael Sijbom, burgemeester van Losser,
op Twitter via @michaelsijbom

ENERGY CHALLENGES:
JONGEREN NEMEN VOORTOUW IN DUURZAAM GEDRAG

DE ENERGY CHALLENGES DAAGT JONGEREN IN HET BASIS- EN VOORTGEZET ONDERWIJS UIT OM SCHOOL EN OMGEVING IN BEWEGING TE ZETTEN VOOR EEN DUURZAME TOEKOMST. JONGEREN BLIJKEN BIJZONDER EFFECTIEF IN HET INSPIREREN VAN DUURZAAM GEDRAG. HET GEVOLG: SCHOLEN HOUDEN MEER GELD OVER VOOR ONDERWIJS ÉN WORDEN BAKENS VAN DUURZAAMHEID VOOR DE OMGEVING. DAARNAAST MAKEN JONGEREN KENNIS MET DE WERELD VAN ENERGIE EN TECHNIEK. MEER DAN 125 SCHOLEN HEBBEN INMIDDELS MEEGEDAAN EN HET PROJECT ENERGY CHALLENGES BREIDT ZICH GESTAAG VERDER UIT DOOR NEDERLAND.

Vrijdagochtend 6 uur. De wekker gaat. Amanda, 11 jaar oud, veert van haar bed en wrijft in haar ogen. Het duurt minder dan een seconde voordat ze beseft welke dag het is. Dé dag waar ze samen met haar team vijf maanden lang keihard naartoe heeft gewerkt. Ze trekt haar tenue aan: een kleurrijke pet en een T-shirt met daarop 'Energy Power' en in haar handen een grote vlag met het logo en de leus 'Energy Power voor een duurzame toekomst!'.

Als haar moeder haar vraagt of ze Amanda naar school kan brengen, antwoordt

Amanda: 'Auto's zijn slecht voor het milieu!' Met een trotse glimlach kijkt ze naar haar dochter. 'Ik hoop dat je het niet erg vindt dat ik met de auto naar de finale toe kom om je aan te moedigen?' Amanda kijkt streng naar haar moeder maar wil toch graag dat ze komt kijken: 'Vooruit dan maar'. Zelf gaat ze met de fiets naar school. Bepakt en bezakt komt ze aan op het schoolplein. Daar wacht de rest van het team haar op om samen met de bus af te reizen naar de finale.

Duizenden bereikt, duizenden bespaard

In de bus is het één groot rumoer. Dertig leerlingen van groep 8 en een handvol docenten van basisschool De Schakel zijn op weg naar de finale van de Energy Challenges. Ze hebben bergen verzet om school en omgeving te verduurzamen. De schoolverwarming staat structureel twee graden lager; met als gevolg duizenden euro's besparing. Het 'Energy Power duurzaamheidsfestijn' trok maar liefst 400 bezoekers. Daarnaast hebben ze duizenden mensen bereikt met hun socialmediacampagne, zijn ze op radio én televisie geweest en hebben tal van andere acties uitgevoerd om techniek en gedrag aan te pakken. Wie kan dat overtreffen?

De bus rijdt het terrein op van het complex waar de finale plaatsvindt. Amanda stapt de bus uit en ziet honderden energieke leeftijdsgenoten, allen in eigen tenue, die het gebouw inlopen waar het allemaal gaat gebeuren. Is die hoofdprijs toch minder zeker dan gedacht? De jongerenteams en hun docenten zitten vooraan en na een vlammende opening door de flamboyante Raynaud Ritsma en zijn band Vangrail wordt de aftrap gegeven voor de Energiemarkt.

De Energiemarkt

Op de Energiemarkt krijgt elk team de mogelijkheid om hun campagne te laten zien aan de jury, andere teams, pers en alle andere aanwezigen. Terwijl de jury rondloopt om de campagnes te beoordelen gaat Amanda met een paar teamgenoten op pad om de concurrentie te bewonderen. Ze komt er al gauw achter dat de andere teams ook indrukwekkende campagnes hebben gedraaid. Eén school heeft een windmolen gecrowdsourced in het dorp, een andere school heeft een VLOG gepubliceerd met meer dan tienduizend views. De overtuiging dat Energy Power de hoofdprijs gaat winnen zakt nog verder weg bij Amanda.

Na 45 minuten eindigt de Energiemarkt en gaat iedereen weer zitten. Na het bekendmaken van de deelprijzen en de publieksprijs is het zover. De juryvoorzitter opent de envelop en de winnaar is. Team Energy Power! Amanda stormt met haar team het podium op. Hier hebben ze vijf maanden lang voor geknokt. Deze dag zal ze nooit meer vergeten.

Nieuwe generatie inspireert oude generatie

De Energy Challenges daagt jongeren uit om een duurzaamheidscampagne te maken. Het doel is om zoveel mogelijk mensen op school en in de omgeving te bereiken en te activeren om duurzamer te leven. Daarnaast maken jongeren kennis met de wereld van energie en techniek. Door de vrije hand te geven in hoe ze de campagnes aanpakken ontstaat eigenaarschap en enthousiasme. Door techniek te installeren op de deelnemende scholen wordt inzichtelijk wat de besparingen zijn op de school. Dit helpt voor de jongeren om het resultaat concreet te maken en deze te delen als onderdeel van de campagne.

De school kan met deelname aan de Energy Challenges zo'n 15% besparen op de energielasten. Besparen kan door aanpassingen in/om het schoolgebouw (50%) én door gedrag (ook 50%)!

Mensen inspireren tot duurzaam gedrag is belangrijk. De huidige koers is niet houdbaar voor komende generaties. We moeten versneld overstappen op andere energiebronnen en zorgvuldig omgaan met energie en grondstoffen. Kinderen begrijpen dit erg goed. De Energy Challenges ontvlamt een passie en bewustzijn bij de nieuwe generatie en het zet hen achter het stuur om de 'oude generatie' te activeren. De 'oude' generatie blijkt erg ontvankelijk voor de oproep van hun kinderen.

Bart Hansma is vanaf het begin betrokken bij de Energy Challenges, eerst als stagiair en later als young communicatie professional. Naast zijn inzet voor de Energy Challenges is hij gestart met Creating Sparks – een ontmoetingsplek voor inspiratie en het verleggen van individuele en collectieve grenzen richting een duurzame toekomst.

Meer informatie: www.energychallenges.nl of mail: info@energychallenges.nl

BÈTA-KENNIS BIEDT COMMUNICATIE NIEUWE KANSEN

IN HET COMMUNICATIEVAK ZIJN WE GEWEND ZWAAR TE LEUNEN OP DE GEDRAGS- EN GEESTESWETENSCHAPPEN. MAAR VOOR DIEPERE INZICHTEN IN HOE COMMUNICATIE WERKT EN HOE WE ONDERLIGGENDE PROCESSEN KUNNEN VERBETEREN, BLIJKEN WE ERGENS ANDERS TE MOETEN ZIJN: BIJ DE SYSTEMS ENGINEERING. COLLIN WIJST EEN NIEUWE WEG NAAR COLLECTIEVE INTELLIGENTIE.

In tientallen jaren van onderzoek binnen de wereld van de techniek heeft Theo Lohman gaandeweg ontdekt wat begrippen als kennis, complexiteit, reflectie, creativiteit, structuur en samenwerking werkelijk inhouden en hoe ze samenhangen. Een halve eeuw geleden legde de TU Delft de basis voor zijn benadering. Inmiddels heeft men daar een interfaculteit *structural sciences* in de steigers staan. Collin – kort voor 'collectieve intelligentie' – maakt deze ontdekkingen toegankelijk en toepasbaar voor iedereen. Na de

techniek en de ict kan nu de communicatie ermee kennismaken.

Communicatieprofessionals snappen de manier van denken snel. Logisch, want Collin gaat uit van de mens. Er is belangstelling van onderwijs en wetenschap. Deze leergierige en ambitieuze doelgroepen gaan Collin niet alleen ontdekken, maar ook voorzien van communicatiekracht en mogelijkheden voor verder onderzoek naar collectieve intelligentie.

'COLLIN WIJST COMMUNICATIE DE WEG NAAR COLLECTIEVE INTELLIGENTIE'

Omgaan met complexiteit

Als we beweren dat communicatie complex is, zeggen we niets nieuws. Maar hoe gaan we met die complexiteit om? Precies dat leert Collin ons. De kennis van Collin komt al van pas. Onderwijskundige faculteiten zien plotseling de sleutels tot de ontsluiting van complex leren en e-learning. Hogescholen passen hun curriculum aan. En in de praktijk is een kleine voorhoede van ingenieurs en ict'ers al met Collin aan de slag. Ze werken in ketens als scheepsbouw, infrastructuur en lucht- en ruimtevaart, waar antwoorden nodig zijn op steeds complexere vragen.

Al die engineering leidt alleen tot duurzame oplossingen dankzij communicatie. De ontdekkingen van Collin zijn dan ook goed nieuws voor jou als kenniswerker in de communicatie. Jouw beroepsgroep is een van de eerste die profiteert van nieuw ontwikkelde inzichten, modellen, leerstof en tools. Daarmee versterk je je denkvermogen, zodat je als generalist in iedere organisatie veel beter tot je recht komt. De leerweg is geëffend en laagdrempelig, dankzij de bewezen aanpak en de best practices uit de techniek. Met Collin maak je telkens nieuwe kennis voor nieuwe situaties.

Onzichtbare schil

Collin laat je eenvoudig ontdekken wat reflectie, creatie en samenwerken is en hoe je de kwaliteit ervan meet en stimuleert. Allerlei fenomenen en activiteiten krijgen een plek in een heldere (netwerk)structuur. Hierdoor kun je bestaande en nieuwe kennis en vaardigheden doelgerichter en succesvoller inzetten. Het belang en de waarde daarvan worden beter zichtbaar. Ondernemingen krijgen in beeld hoe communicatie – als een onzichtbare schil van permanente reflectie tussen actoren – beleids-, ontwerpen maakprocessen begeleidt. In feite blijkt communicatie voortdurende co-reflectie bij co-creatie. Communicatie is een aspect van alles, van het geheel en van de onderdelen.

Dat werpt een ander licht op het communicatiewerk. Je waarde als veranderkundige stijgt door kennis van gedrag en structuur. Met modellen die relaties en interacties in systemen verhelderen, zie je meteen waarom er zoveel mis gaat bij ingewikkelde plannen en projecten. Collins kernstructuur voor creatie helpt de oplossingsrichting te vinden.

Ontdekkende leerstrategie

Collin laat zich op bedrukt papier niet één-twee-drie uitleggen. Toch noem ik een paar belangrijke inventies van Collin waarmee je kennis kunt maken.

Collin ontleent aan de Delftse systeembenadering een reflectiemodel, het zogenaamde talentenkompas. Dat meet met vragen hoe het staat met de talentbenutting van individuen, teams en organisaties. De uitkomst laat zien waar competentieontwikkeling nodig is, ook wat communicatie betreft. In de praktijk maakt het kompas de intrinsieke motivatie los om te gaan leren.

Om co-creatie mogelijk te maken, zodat complexe projecten in één keer goed gaan, kent Collin een samenwerkingsmodel. Dit model levert een structuur voor het ontwerpen en realiseren van samenwerkingsvormen. Het vormt het fundament van de communicatiebenadering van Collin. Het is ook de basis voor de bouw van een collectief intelligent geheugen (e-Memory), een onmisbare troef voor wie voorop wil gaan in de kenniseconomie.

Met speciale software verbindt Collin talentbenutting (kompas) aan rollen (samenwerkingsmodel). Zo kun je heel gericht sturen op de groei van ieders talenten en kennis binnen organisaties. Het plezier en de resultaten van samenwerken en leren kunnen dan groeien.

Met Collin kunnen communicatieprofessionals collectieve intelligentie in bedrijven, bij de overheid, in ketens en regio's verder helpen ontwikkelen.

Harm Rozie is directeur van Communication Concert en partner en medeoprichter van Collin.

OVERHEIDS-COMMUNICATIE
VANUIT HET PERSPECTIEF VAN MENSEN

ANEKDOTE. BRIEF VAN DE GEMEENTE. HET INZAMELEN VAN VUILNIS VERANDERT. ONDERGRONDSE AFVALCONTAINERS WORDEN ER GEPLAATST. VOOR PLASTIC, PAPIER EN RESTAFVAL. VOOR HET GROENAFVAL BLIJFT GEWOON WEKELIJKS DE VUILNISWAGEN KOMEN. CHEMISCH AFVAL WORDT TWEE KEER PER JAAR OPGEHAALD, DOWNLOAD DE SPECIALE APP. TEKENING TOONT DE LOCATIES. VERDER BEVAT DE BRIEF VEEL INFORMATIE OVER VERVOLG, HET MOMENT VAN STARTEN EN HET INDIENEN VAN BEZWAREN.

Ik leg de brief terzijde. Overvloedige tekst met veel voornemens, opdrachten en procedures.

Vervolgbrief over de afvalcontainers. Nummers verwijzen naar de vorige brief. Door ingediende bezwaren zijn enkele locaties gewijzigd. Juridische onderbouwingen motiveren de nieuwe keuzes. De bijgevoegde tekening toont de nieuwe locaties. De andere ontbreken. Gevolgd door informatie over het vervolg en opnieuw het indienen van bezwaren.

En wat gebeurt er dan?
Een ontmoeting met enkele buurtbewoners. Al gauw zijn de ondergrondse afvalcontainers het gespreksonderwerp. Waar deze komen blijkt punt van discussie, evenals het startmoment en mogelijkheden voor bezwaar. De loopafstand voor de ouderen naar de nieuwe locaties is te ver. Niemand schijnt te weten wat er echt gaat gebeuren. Speculaties en onduidelijkheid vieren hoogtij. Verwondering over het feit 'dat de gemeente niet eenvoudig kan vertellen hoe en wat'.

Weer een brief, met veel verwijzingen naar vorige brieven. In deze brief staan alle definitieve locaties en opnieuw veel informatie over het vervolg.

Tijdens een buurtfeest blijken vele bewoners ontevreden. 'We mochten toch meedenken? Nu krijgen we locaties die wij niet voorgesteld hebben. We zijn in de maling genomen.'.

Intentie ≠ effect
Deze gemeente communiceert zo zorgvuldig mogelijk. Het gebaar is goedbedoeld. De vraag die rijst is of deze wijze van communi-

ceren effectief is. Gezien de reacties van de buurtbewoners – zij zijn 'not amused' – roepen de brieven onbedoeld contraproductieve effecten op. Het kan effectiever.

Hoe? Wij gebruiken hiervoor vier inzichten vanuit het perspectief van de mens.

Inzicht 1:
Herkennen en aansluiten

Datgene dat jouw aandacht heeft, neem je waar. Selectieve perceptie. Hoe zijn de bewoners nu gewend om afval aan te bieden en te scheiden? Vertrouwde patronen bieden zekerheid en voorspelbaarheid. Verandering kost tijd. Welke vragen roept het onderwerp bij burgers op?

Ook zijn vele mensen druk, de auto moet bijvoorbeeld nog naar de garage. Dat houdt hen bezig. Valt daar ook gescheiden afvalinzameling onder, dan valt een eerste brief op vruchtbare aarde. Zo niet, dan op dorre grond. Kiekeboecommunicatie. Met de brief verrast de gemeente haar burgers. Zij waren hier (nog) niet mee bezig.

'VALT EEN EERSTE BRIEF OP VRUCHTBARE AARDE OF OP DORRE GROND?'

'VRAAG JE ALS GEMEENTE AF WAT JE WILT DAT DE LEZER DEELT MET ZIJN BUURMAN'

Inzicht 2:
Begrijpen

De logica van de één is zelden de logica van de ander. Ieder mens kent maar één werkelijkheid: die van hemzelf. Van daaruit geeft hij betekenis aan de omringende werkelijkheid. Ook zijn brieven vaak geschreven in 'voornemens' en niet in wat het concreet voor de burger betekent. Het gaat over wat de zender bezighoudt, welke opties er nog voorhanden zijn. Goedbedoeld reikt men dit burgers aan (= transparantie). Voor hen is het echter niet duidelijk hoe specifiek dit al is. Te vaak verwart de burger het met 'zo wordt het dus', terwijl de gemeente een slag om de arm houdt.

Natuurlijk bevordert ook de juridische formulering en het taalgebruik het (wederzijdse) begrip niet. Meepraten verwordt tot meebeslissen. Benoem daarom zo concreet mogelijk wat je verwacht en wanneer.

Inzicht 3:
Reproduceren (onthouden)

Een mens onthoudt ongeveer vier tot zes feiten van onderwerpen die nieuw zijn. Bovengenoemde brieven bevatten al snel tussen de veertig en honderd feiten; nummers, locaties, namen, bezwaren, bijeenkomsten, tekeningen.

Zorgvuldigheid en volledigheid botsen op het menselijke vermogen tot onthouden. Daarnaast speelt het tijdstraject een rol. De eerste brief plofte begin september op de mat, gevolgd door een brief in februari en juni. De gemeente lost dit administratief op door nummers te gebruiken. Een logica die niet past bij inzicht 2, begrijpen. Lezers weten niet meer waar het over gaat.

Vraag je je als gemeente af wat je wilt dat de bewoner na het lezen van de informatie deelt met zijn buurman/-vrouw!

Inzicht 4:
Duiden

De opbouw van de brieven roept onzekerheid op. Burgers stellen vervolgens geen vragen aan de overheid, maar aan vertrouwde relaties (buren, familie etc.). Die bevestigen wat zij denken of niet zeker weten. Tijdens dat gesprek wordt de definitieve betekenis gevormd. Denk vooral niet dat de communicatie goed is gegaan omdat er geen vragen waren. Deze gesprekken gingen niet over de afvalcontainers, ze gingen erover dat de overheid vooral met zichzelf bezig is ...

Hoe helpen deze inzichten om de effecten van communicatie te verbeteren?
De intentie is van de zender en het effect van de ontvanger. Sluit daarom aan op de belevingswereld van de burger.

Gonda Duivenvoorden, www.brainworkcommunicatie.nl
Gerald Morssinkhof, www.niveaum.nl

'IK KÁN ME GEWOON NIET ZIEK MELDEN'
EEN DISCURSIEVE ANALYSE

'DISCURSIEVE ANALYSE' STAAT VOOR EEN BIJZONDERE MANIER VAN KIJKEN NAAR COMMUNICATIE. WAAR NORMAAL BIJ COMMUNICATIEONDERZOEK CENTRAAL STAAT WAT MENSEN ERGENS VAN VINDEN, IS ER BIJ DEZE VORM VAN ANALYSE SPECIALE AANDACHT VOOR DE WIJZE WAAROP MENSEN IN GESPREK MET ELKAAR DINGEN DOEN MET TAAL.

In plaats van alleen zoeken naar de mening van mensen (normaal communicatieonderzoek) geeft discursieve analyse je inzicht in hoe mensen hun ideeën en gedragingen verwoorden. Je begrijpt hoe mensen formuleren in relatie tot anderen en welke effecten ze al dan niet bewust nastreven met hun woorden.

Taal doet veel meer dan alleen een boodschap of een mening overbrengen. De werkelijkheden die worden gecreëerd worden soms niet precies benoemd en zijn daarom moeilijk te 'vangen' met een interviewvraag. De Hanzehogeschool Groningen probeert steeds 'bij de tijd te blijven'.

Case OCW en werkdruk

Het Ministerie van OCW wil beter inzicht verwerven over hoe er onder docenten over 'werkdruk' gesproken wordt. In hun onderzoek staat actieve participatie van de omgeving centraal en worden thema's verkend die van belang zijn voor het beleid en de communicatie van OCW. Op basis van een discursieve analyse van gespreksfragmenten wordt antwoord gegeven op de onderzoeksvraag:

Op welke wijze wordt door docenten uit het basisonderwijs, voortgezet onderwijs, mbo en hbo gesproken over werkdruk?

Het ministerie wil ook een participatieve observatieaanpak door beleidsambtenaren te koppelen aan een selectie van docenten en deze een week mee te laten lopen met een docent. Veertig ambtenaren krijgen tijdens uitleg over het onderzoek, over de meeloop-week en de methode van dataverzameling. Tijdens een bijeenkomst wordt hun uitgelegd dat ze gesprekken met docenten zullen aangaan, die ze met hun mobiel opnemen en waaruit ze twee relevante gespreksfragmenten gaan selecteren. Zo dragen de ambtenaren een belangrijk deel aan het onderzoek bij. De fragmenten worden vervolgens door discursieve analisten verder bestudeerd op veel voorkomende patronen. Hierboven is een voorbeeldfragment opgenomen waarin we het patroon werkdruk is een taboe naar voren zien komen.

Discursieve analyse

Het 'toevallig' in regel 1 laat zien dat dit thema onderwerp van het alledaagse gesprek is. Het is niet een onderwerp dat op de agenda staat maar spontaan voorbijkomt in een ontmoeting met een collega. Door dit zo te schetsen suggereert de docent dat het aan de orde van de dag is. Daarbij haalt deze docent een collega aan, maar spreekt niet voor zichzelf. Door hier te citeren neemt de docent niet zelf de verantwoordelijkheid voor deze uitspraken maar schrijft deze toe aan die van een collega. De docent kan zo neutraal blijven en representeert slechts de ervaring van collega's: 'zo wordt het wel ervaren'. Deze discursieve strategie van citeren uit gesprekken uit het leven van alledag biedt de docent de gelegenheid om op impliciete wijze aan te geven dat 'dat dit terugkerende 'dingen' zijn 'die stress veroorzaken'.

Het beschrijven van werkdruk als iets wat door anderen wordt ervaren, heeft mogelijk te maken met het feit dat het lastig is om rechtstreeks te zeggen dat je zelf werkdruk ervaart. Daarbij geeft de docent ook de absurditeit van dit ontwijkende gedrag aan: 'Ja, ik weet het, het is eigenlijk belachelijk'.

Bespreekbaar maken

Uit de discursieve analyse van in totaal 80 fragmenten van gemiddeld 150 woorden

blijkt dat het lastig is als docent rechtstreeks te zeggen dat je werkdruk ervaart en dat duidt erop dat er een 'taboe' op dit onderwerp rust. Andersom blijkt uit het onderzoek dat het ook moeilijk is om te zeggen dat je geen werkdruk ervaart. Dit wijst mogelijk op een 'norm' dat hard werken 'erbij hoort'. Het Ministerie van OCW kon met dit inzicht haar voordeel doen in de wijze waarop ze met scholen communiceert. Namelijk het taboe op werkdruk bespreekbaar maken en benadrukken dat je geen 'slechte' docent bent als je er last van hebt.

Anette Klarenbeek schreef dit artikel voor de Hanzehogeschool waar zij tot voor kort werkzaam was als professor applied sciences. Inmiddels is ze lector aan de Hogeschool Utrecht bij het lectoraat Cross Mediale Communicatie in het Publieke domein.

'HET MINISTERIE VAN OCW KON MET DIT INZICHT HAAR VOORDEEL DOEN IN DE WIJZE WAAROP ZE MET SCHOLEN COMMUNICEERT'

LEREN VAN
DE ANDER!

ALS OPLEIDER KRIJG JE GOED ZICHT OP DE LEERBEHOEFTE
VAN ADVISEURS IN ONS VAK. ER BLIJFT VRAAG NAAR
EENVOUDIGE METHODIEKEN EN MODELLEN VOOR COMPLEXE
VRAAGSTUKKEN EN SNELLE OPLOSSINGEN. HIER ZIT ECHTER
NIET DE DRIJFVEER VAN DE ADVISEUR.

EEN OPLEIDING, GERICHT OP COACHING, FACILITEREN,
PSYCHOLOGIE OF GEDRAG, MAG OPEENS MAANDEN DUREN.
DE COMMUNICATIEADVISEUR WENST
OVER HET ALGEMEEN MEER KENNIS OVER
DE MENS EN ZIJN GEDRAGINGEN.

De mens is geen model

In eerste instantie zoekt de adviseur zijn houvast in kennis als het gaat om het overtuigen van zijn opdrachtgever. Het liefst een kort en praktisch lijstje waarmee het gaat lukken. Dit verklaart het succes van de vele modellen die ons vak rijk is. Modellen die veelal afkomstig zijn uit andere disciplines. De onzekerheid slaat toe, als dit niet het antwoord is op de vragen uit de dagelijkse praktijk. Want rationele oplossingen zijn

zelden het antwoord op emotionele vraagstukken. Dat betekent niet dat de modellen niet goed zijn, maar de wijze waarop er mee wordt omgegaan kan beter. Zet niet het model, maar de ontvanger centraal.

Wat is logisch voor de ander?

De belangrijkste les is, kom uit je stoel. Ga kijken, luisteren en ervaren wat mensen laten zien en zeggen over het onderwerp waar jij actief mee bent. Het is een misvatting om

'NIEMAND WORDT WAKKER EN GAAT NAAR JOUW SITE OM TE LEZEN WAARAAN WORDT GEWERKT'

te vragen wat ze van jouw overheidsinstelling of organisatie vinden. Daar is niemand mee bezig. Niemand wordt wakker en gaat naar jouw site om te lezen waaraan wordt gewerkt. Kijk vanuit het perspectief van de ander naar het vraagstuk. Wat en wanneer is dit voor de ander relevant? Vraag je vervolgens af naar wie zij zouden gaan voor informatie of naar wie zij luisteren en waarom? Als jij niet voorkomt op de lijst van de meest waarschijnlijke bron om te raadplegen, dan heb je nog heel wat communicatie-inspanningen te leveren. Of niet? Want waarom moet jij altijd de zender zijn? Waarom wil jij nu dit op de agenda van iemand krijgen? Welke aanleidingen zou de ander logisch vinden? Rek je eigen denkkader op door in contact te treden met de mensen naar wie wordt geluisterd, die er belangen bij zouden kunnen hebben of die weten wat er speelt in de maatschappij.

Niet ik, maar wij

Niet jezelf centraal zetten is iets dat veel adviseurs onmiddellijk zouden willen, terwijl de bestuurder wel zichtbaar wil zijn op het dossier. Een dilemma. Een belangrijk moment voor de adviseur. Ook het moment waarop vaak de twijfel toeslaat. Wie of wat is nu mijn opdrachtgever of opdracht? Hier begint het echte adviseurschap. Hoe zorg ik dat het belang van de bestuurder in dienst komt te staan van de opgave? Stijlflexibiliteit is een must, maar net zo belangrijk is: wat weet je over je de bestuurder die je adviseert? Vele lessen adviesvaardigheden tonen aan dat adviseurs heel veel aannames doen, die veelal niet blijken te kloppen. Het investeren in de relatie levert de adviseur en de bestuurder veel op. Leer elkaars drijfveren, sterke en minder sterke kanten kennen. Maak van twee ikken een wij. Als het vertrouwen in elkaar groeit, laat de ander zich graag door je coachen. De kunst is het perspectief van de bestuurder te vergroten door constructieve vragen te stellen. Aanschouw het vraagstuk vanuit meerdere invalshoeken en vergeet dan vooral niet het perspectief van de ontvanger mee te nemen.

Durf de tijd te nemen

Veel adviseurs willen graag praten met stakeholders, maar ja, de overvolle agenda ... Ongeduld karakteriseert ons vak. We willen het ook direct helemaal goed doen. Zo werkt het echter niet. De adviseurs, die ervoor kiezen te experimenten met één vraagstuk, maken de grootste sprongen. Al het geleerde nemen ze mee in de advisering bij andere vraagstukken. De adviseur vergroot zijn zelf-

vertrouwen door de opgedane inzichten in het leerproject. Investeer daarbij vooral aan het begin veel tijd in het leren kennen van de anderen. Bouw aan constructieve relaties. Later betaalt dit zich uit in een prettiger samenwerking, effectievere communicatie en betere resultaten. De kracht zit altijd in het leren kennen van de ander en het niet langer centraal zetten van de eigen organisatie. We leren daardoor meer over wat er leeft in de maatschappij, over andere culturen, gewoonten en generaties. Laten we daar nu van nature juist zo geïnteresseerd in zijn. Weg van ons eigen spiegelbeeld en onze kennis en energie richten op de ander.

'WEG VAN ONS EIGEN SPIEGELBEELD EN ONZE KENNIS EN ENERGIE RICHTEN OP DE ANDER'

Gonda Duivenvoorden
Programmamanager communicatie SRM
www.srm.nl
@srmcom

Meer weten over onze opleidingen?
www.srm.nl

MIRANDA
OVER ARJEN

'Arjen geniet écht van alles wat hij doet. Hij weet mensen te raken en bereikt met zijn creativiteit en sociale vaardigheden de meest bijzondere resultaten. Hij vindt het prachtig om de doelgroep in beweging te krijgen en samen aan de slag te gaan met een gedeeld vraagstuk. Dat doet hij voor veel opdracht-gevers op verschillende maatschappelijke thema's, zoals op het gebied van werkloos-heid (NoorderBaanBattle), energiebesparing (EnergyChallenges), alcoholgebruik (Van-16naar18Maklukzat), overgewicht (FunFit-Pit), eenzaamheid ((G-)old memories) en brand- en inbraakveiligheid (LeuksteStuden-tenhuis).

Trots is hij altijd op de doelgroep: ze be-wijzen volgens hem vaak ons ongelijk. In Drenthe liet hij jongeren zelf hun ouders en leeftijdgenoten informeren over de risico's van alcoholgebruik met de campag-ne MaklukZat. De aanpak is beloond met de Galjaardprijs in 2012. Voor Maklukzat werd hij ook genomineerd voor de titel communicatieman 2012 (top 10). Met zijn concept heeft hij inmiddels ook de Natio-nale Jeugdwerkloosheidsprijs 2013 van de SER & NJR gewonnen. In 2015 behaalde hij, mede dankzij verbluffende resultaten met de NoorderBaanBattle, een topvijfpositie bij de verkiezing communicatieman van het jaar en diezelfde NoorderBaanBattle was één van de finalisten voor de Galjaardprijs 2016!

Ruim vijfentwintig jaar is Arjen actief in het communicatievak. Met zijn bedrijven, Van Leeuwen Communicatie en Challenge Solutions werkt hij voor overheden, onder-wijs- en zorginstellingen, ondernemingen en non-profitorganisaties. Lastige vraag-stukken vormen zijn specialiteit. Maar deze duizendpoot doet meer: actief bij de SRM als docent-trainer-examinator en als onderne-merscoach bij VNO/NCW.

Gespecialiseerd in strategie, participatie en co-creatie creëert Arjen eigenaarschap en vertrouwen. Zijn motto is: 'Goede com-municatie is een kwestie van organisatie en respect voor alle betrokkenen'. Eigenlijk is Arjen niet te vatten in één motto. Daar-om nog een gevleugelde uitspraak van een bijzondere man: 'Aandacht is dé sleutel tot succes. Wees harthorend! En geniet van de kracht van de doelgroep.' En nee, de t in harthorend is geen spelfout. De t is van je hart. Dat is Arjen ten voeten uit.'

Contact met Arjen?
info@vanleeuwencommunicatie.nl
Of via LinkedIn: http://nl.linkedin.com/in/arjenvanleeuwen

'ARJEN VINDT HET PRACHTIG OM DE DOELGROEP IN BEWEGING TE KRIJGEN'

'MIRANDA MEENT WAT ZE ZEGT. HAAR MANIER VAN COMMUNICEREN IS AUTHENTIEK'

ARJEN
OVER MIRANDA

'Miranda kan als geen ander goede energie overdragen. Dit doet ze met veel enthousiasme, prachtige ideeën en pakkende uitkomsten. Ze was de communicatieadviseur bij het project MijnBorne2030, dat in 2011 de Galjaardprijs won. Borne was de eerste gemeente in Nederland die het maken van een toekomstvisie overliet aan de gemeenschap. Het hierdoor ontstane eigenaarschap zorgt dat MijnBorne2030 nog steeds actueel is en navolging krijgt. Naast de Galjaardprijs werd MijnBorne2030 ook genomineerd voor EPSA (European Public Sector Award) in de categorie *opening up the public sector through collaborative governance'*.

Het bracht Miranda overal in het land om lezingen en workshops te geven. Haar 'recht uit het hart'-manier van spreken blijft hangen. Ze meent wat ze zegt. Ze praat over communicatie op een authentieke manier die niet aangeleerd, maar aangeboren is. Miranda is naast communicatieadviseur ook adviseur overheidsparticipatie. De overheid als instituut verandert en dat vraagt ook om een andere houding, mentaliteit en nieuwe competenties van individuele ambtenaren en bestuurders. Met flair en praktijkvoorbeelden probeert ze hen te motiveren dat het an-

ders kan én mag. Zo ging ze eind 2014 met haar collega-ambtenaren, college- en raadsleden op bezoek bij kritische burgers vanuit het idee dat daarvan het meest te leren valt. Met de uit haar brein ontsproten workshop 'blijven denken als een burger' creëerde de groep een handleiding in pocketformaat met kerncompetenties.

Het delen van haar kennis doet Miranda inmiddels ook vanuit haar bureau Communicatiefilosoof, waarmee ze onder andere meebouwt aan het Huis van Burgerkracht (Stimuland) en samenwerkt met gerenommeerde andere bureaus die zich inzetten voor het anders denken en doen van de overheid.

Wars van uitgebreide communicatieplannen gaat ze in op de dynamiek van de omgeving met visie en actie. Haar motto daarbij: 'zoek altijd naar ambassadeurs die je kunnen helpen om gezamenlijke doelen te bereiken' en 'maak gebruik van je hartimpulsen'. Dat laatste doet ze zelf ook door bijvoorbeeld publicaties te maken over onderwerpen zoals mantelzorg, waar ze zelf als ervaringsdeskundige volop over kan meepraten. Miranda is gewoon een authentieke motivator.'

Contact met Miranda?
info@communicatiefilosoof.nl
Of via LinkedIn: http://nl.linkedin.com/in/mirandamulder

VERHALEN BLIJVEN DE MOEITE WAARD OM GEDEELD TE WORDEN, ELK JAAR OPNIEUW.

CHECK VOOR DE VORIGE EDITIE
EN DE KOMENDE EDITIES
DE WEBSITE VAN HET BOEKENSCHAP:

WWW.HETBOEKENSCHAP.NL/
COMMUNICATIEVERHAAL